JN093224

ウケまくり びっくりマジック

池田書店

CONTENTS

ウケまくり びっくりマジック

I テレポートするコイン

II カードでイリュージョン

Ⅲ That's Magic Show!

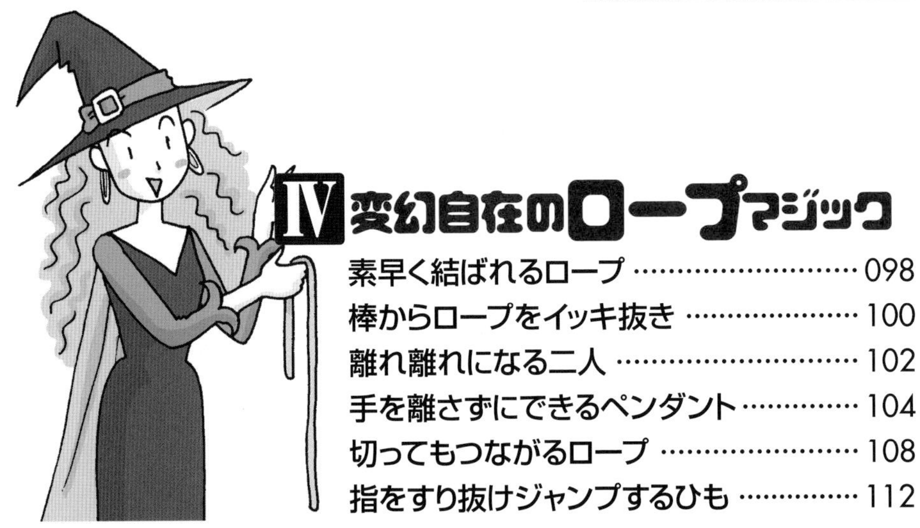

Ⅳ 変幻自在のロープマジック

V 魔法のハンカチショー

VI 身近な道具でびっくりマジック

もっと上手くなる!

マジックのツボ大集合

本書の見方・使い方

DO THE MAGIC

実際に目の前でマジックが演じられているように、マジックの演じ方(手順)とそのときのセリフを観客側から見てライブ感いっぱいに再現。

タネあかし

DO THE MAGICで演じられたマジックのタネあかし。その仕掛けや仕組み、やり方などをテクニックなども交えて詳しく解説。

●マジックはまずやってみることが大切。頭の中で考えるより、手を動かして実際にやってみるとよくわかります。
●マッチやライターを使うマジックでは、火もとに充分注意するようにしましょう。

マジックのタイプ

どんなマジックかひと目でわかるように、マジックのタイプをアイコンで表示。
主にどんな道具を使うマジックか(道具アイコン)、どんな現象が起こるマジックか(現象アイコン)、難易度は?(難易度アイコン)の3つで確認できるので、マジック選びの参考に。

道具アイコン

 コイン・お札
 カード
 ロープ
 シルク・ハンカチ
コップ
 ボール
 身近な道具(割りばし、マッチ箱、輪ゴム、クリップ、スプーン、本、紙ナプキン)

現象アイコン

 増える!
 消える!
 現れる!
 瞬間移動!
 通り抜ける!
 外れる!
 結ばれる!
 解ける!
 合体!
 透視!
 当てる!
 予言!
 変身!
 念力!
 揃う!
 元どおり!

難易度アイコン

 LEVEL1 かんたん!
 LEVEL2 すこし練習!
 LEVEL3 しっかり練習!

I

テレポートするコイン

空間を一瞬で移動したり、コップの底を突き抜けたり、目の前から消え、あるいは突然現れるコイン…！異次元空間に迷い込んだような驚きのマジックが満載だ。

この章で使う道具

コインはふつうの100円硬貨や500円硬貨、お札は千円札などでOK。マジックによって使いやすい大きさのものを選ぼう。

握ると増えるコイン

右手に持った1枚のコイン。これを左手に移して
ギュッと握れば…、なんとコインが増えてしまった!

用意するもの ●コイン3枚

LEVEL 1 かんたん!

コイン・お札　増える!

DO THE MAGIC!!

ここに1枚のコインがあります

1 ❶右手の親指と中指でつまんだコインを見せる。

これを左手に移して、握ります

❷右手に持っているコインを左手に移す。

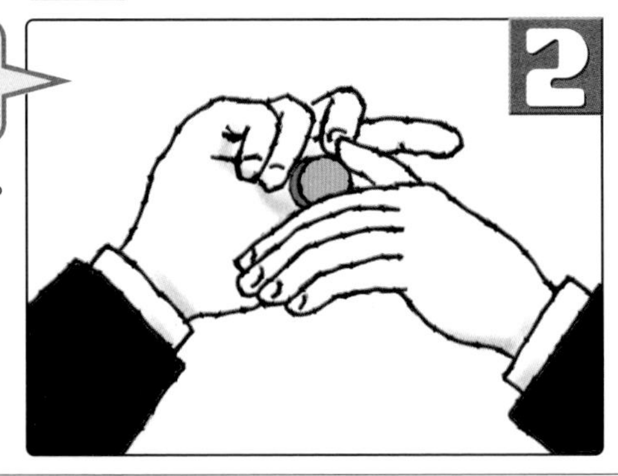
2

あれ!?　今何か音がしましたね

❸コインを握った左手を強く握りしめる。

タ・ネ・あ・か・し

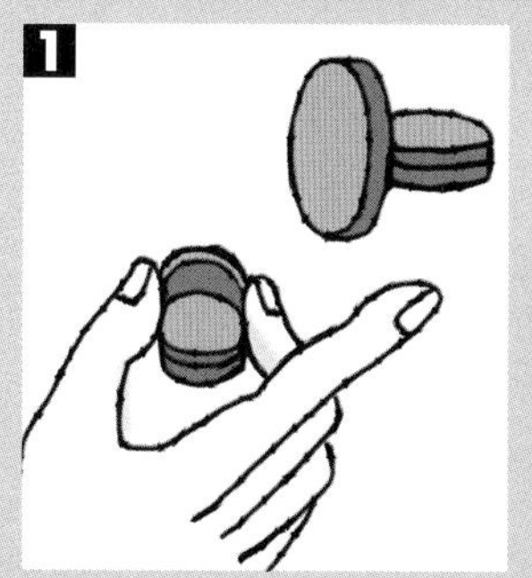

❶相手に見せるコインの裏側に図のように重ねた2枚のコインを隠し、右手の親指と中指でしっかりとつまむ。角度によっては裏側のコインが見えてしまうので注意しよう。

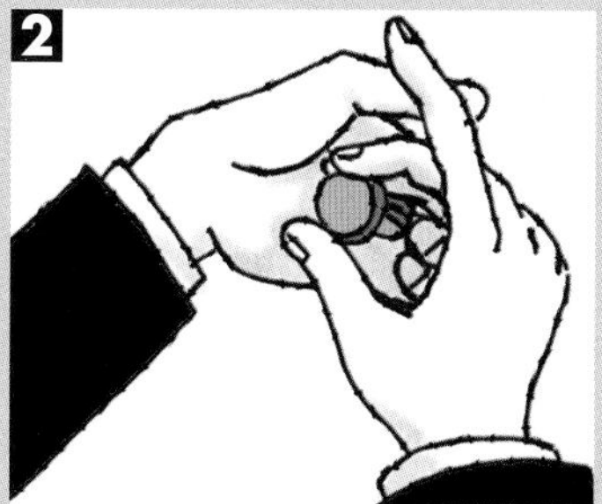

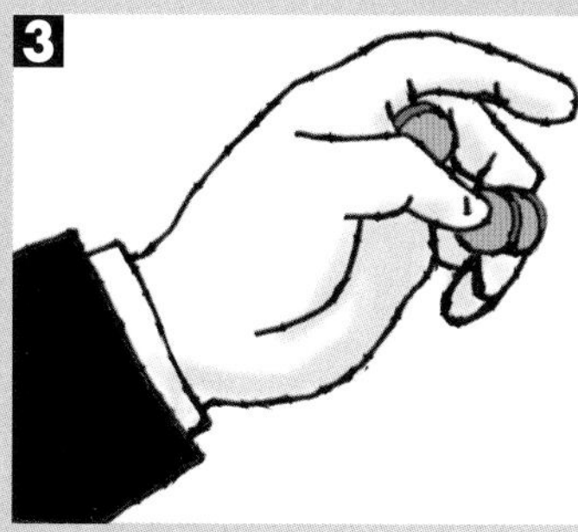

❷コインを左手に移すときは、右手は動かさず、左手で右手をおおうようしながらコインを移す。右手を動かすと隠しているコインが見えやすいからだ。

❸左手にコインを移すときは、前方の見えている１枚をフィンガー・パーム(P159参照)の位置に渡してから、隠れている2枚を親指と中指ではさんで持って音をさせないようにする。左手を握りしめるときは、左手を振りながら握りしめると、コインが増えた「カチャ」という音が大きく聞こえる。

コインの連続ワープ

左右4枚ずつ並べられたコイン。それぞれを両手に握って軽く拳をぶつけると、右手から左手へ、コインがどんどんワープしてしまった！

用意するもの ●**同じ種類のコイン9枚**

LEVEL 2 すこし練習!

コイン・お札　瞬間移動!

DO THE MAGIC!!

1

左右に4枚ずつ
コインが並んでいます

❶テーブルの上に左右4枚ずつコインが並んでいることを示す。

**左側のコインを
1枚ずつ左手に入れます**

❷左側のコイン4枚を1枚ずつ左手に入れていく。

**次に、右側のコインは
右手の中に入れてしまいましょう**

❸同じように、右側のコインは1枚ずつ右手に握っていく。

ご覧のように、4枚あります

❹右手にあるコイン4枚を相手に見せる。

**さて、拳同士を
軽くぶつけてみましょうか**

❺コインを握った左右の拳を、トントンと軽くぶつけ合う。

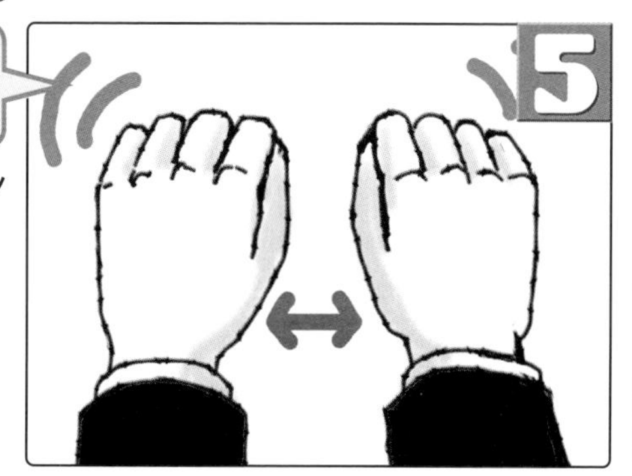

あれれ!?　右側のコインが1枚左側に移動してしまった！

❻左手のコインを左側に、右手のコインを右側に並べる。

不思議ですね。もう一度やってみましょう

❼①～⑤の手順を、もう一度繰り返す。

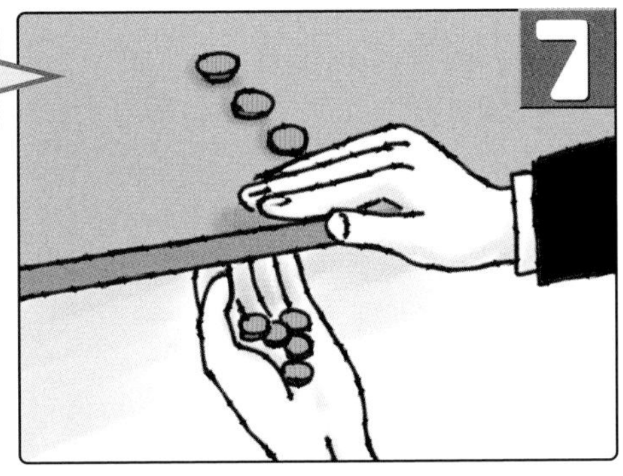

おお～！　またまた、コインが1枚左側に移ってしまった！

❽同じ要領でコインを手に取り、さらに続けていく。

タ・ネ・あ・か・し

1 テーブルに並べた8枚のコインとは別に、もう1枚同じ種類のコインを右手の親指の付け根に隠して持っておく。

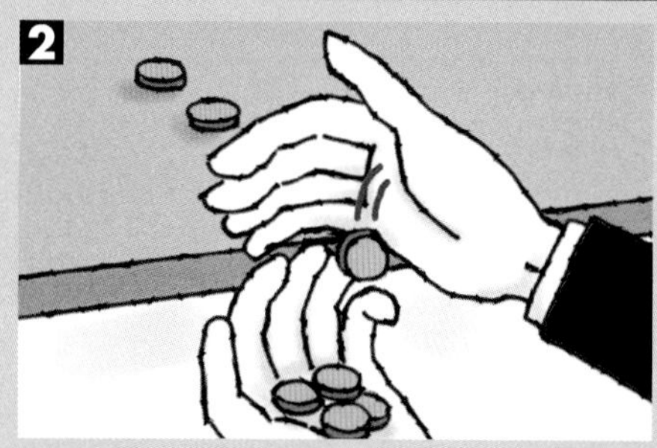

2 コインを左手に入れていくときは、左手を軽く曲げ、相手からコインが見えないようにする。3個目か4個目のコインを乗せるとき、右手に隠しておいたコインも入れる。これで左手の中のコインは計5枚になる。

3 右側のコインを集めていくときは、1枚ずつ人差し指でつまんで握り、最後の1枚は人差し指の先端に置く。握るときに先端のコインを親指の付け根にはさみ込むのがポイント。

4 再び両手のコインをテーブルに並べるときには、親指の付け根に隠し持ったコインは並べない。これで右側のコインは1枚減り、隠したコインは次に左手で増えるコイン(タネ)になるわけだ。

KEY POINT!
●キーポイント●

自然な手の動きをマスターしよう

一番のポイントは、親指の付け根にコインを1枚隠し持つこと(サム・パーム、P159参照)。不自然にならないように持ち、その状態で自然に指が動かせるように練習しよう。隠し持ったコインを左手に落とすところなども含めて、なめらかで自然な動きができるようにマスターしよう。

コップの中でコインが消える

目の前に置かれた1枚のコイン。ハンカチをかぶせたコップでおおうと…、なんと、一瞬にしてコインが消滅した！

用意するもの ●コイン　●透明なコップ　●ハンカチ　●同じ色の紙2枚（画用紙など）

LEVEL 1 かんたん！

コイン・お札　消える！

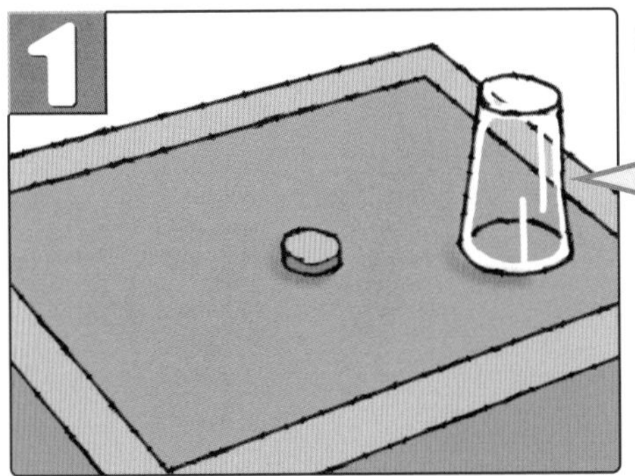

DO THE MAGIC!!

1

紙の上にコインとコップがあります

❶紙の上に置いたコインと透明なコップを見せる。

**コップにハンカチを
かぶせてしまいましょう**

❷ハンカチでコップをおおってしまう。

**このコップを
コインの上に置いて…
よし！　念を送りましょう**

❸ハンカチをかぶせたコップをコインにおおいかぶせる。

**あれれ、なんということだ！
コインが消えてしまった!!**

❹コップをおおっていたハンカチをはずす。

**もちろん、ハンカチには
タネも仕掛けもありません**

❺コップからはずしたハンカチの表裏を相手に見せる。

さて、ではもう一度
ハンカチをかぶせてみましょう

❻再びハンカチでコップをおおってしまう。

なんと！
消えたコインが出てきました！

❼コップを最初にあった場所に戻し、おおっていたハンカチを外す。

タ・ネ・あ・か・し

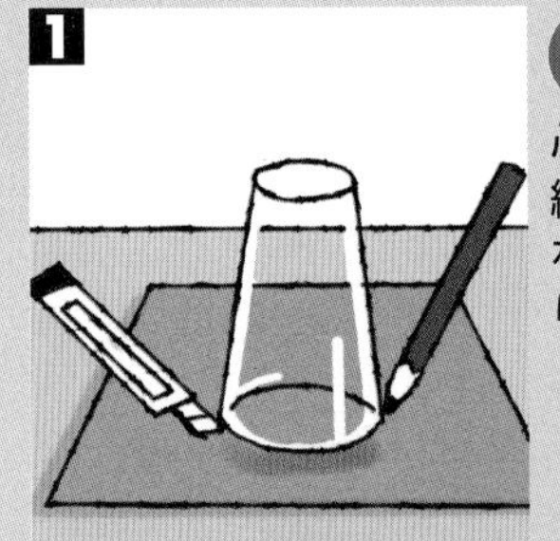

❶紙の上にコップをふせ、コップの縁をなぞって紙をカッターで切り抜く。

❷コップの縁に接着剤を少しつけ、くり抜いた紙を貼り合わせる。

❸コップの縁に貼ったのと同じ色の紙をテーブルに敷き、その上に細工したコップをふせておく。図のように紙からはみ出るとバレるので注意すること。

❹このコップでコインをおおえば、相手からはコインが消えてしまったように見える。コップから外したハンカチの表裏を相手に示す動作は、コップから注意をそらすための演出だ。

こすると2枚になる千円札

あなたから借りた1枚の千円札。これを小さくたたんで、
ワタシのひじにこすりつけると…やった！　2枚になりました！

用意するもの ●千円札1枚
●えりのある服

LEVEL 1
かんたん!

コイン・お札　増える!

DO THE MAGIC!!

千円札を1枚お借りできますか？

❶相手から千円札を1枚借りる。

I テレポートするコイン

これを小さく折りたたんで…
ひじにこすりつけると
実は増えちゃうんです

❷千円札を小さく折りたたみ、右ひじにこすりつける。

あれ？　おかしいですね～？
では反対のひじに
こすってみましょう

❸今度は左ひじにこすりつける。

う～ん、調子が悪いなぁ
もう一度右ひじでやってみます

❹再び右ひじにこすりつける。

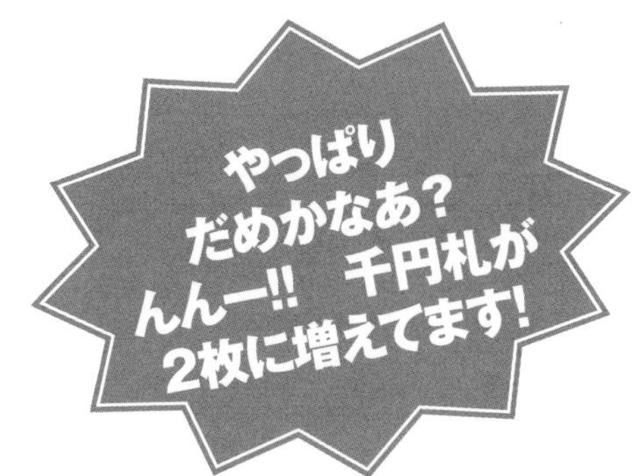

タ・ネ・あ・か・し

1 千円札を8つ折りにしてあらかじめ右えりの奥にはさんでおく(これがタネ)。相手に借りた千円札も同じく8つ折りにする。

2 右ひじ、左ひじとこすりつける動作を繰り返すことで、相手の注意をひじにひいておく。3回目に右ひじをこするとき、えりもとにある右手で隠しておいた千円札を抜き取り、手の中に隠し持つ。

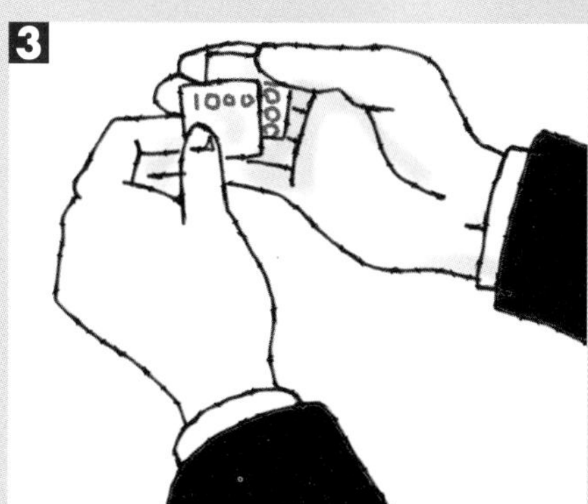

3 右手の親指と人さし指で隠し持った千円札を、左手の千円札と重ねる。

4 ゆっくりと千円札を広げていく。途中で「あれ!?」と驚いたふりをして、2枚になった千円札を相手に見せる。

大移動をはじめるコイン

ハンカチの上に置かれた4枚のコイン。ここにカードを重ねるだけで、
なんと、コインがぞくぞくと移動をはじめてしまった!

用意するもの ●コイン5枚 ●大きめのハンカチ ●トランプ2枚

LEVEL 2 すこし練習!

コイン・お札　瞬間移動!

DO THE MAGIC!!

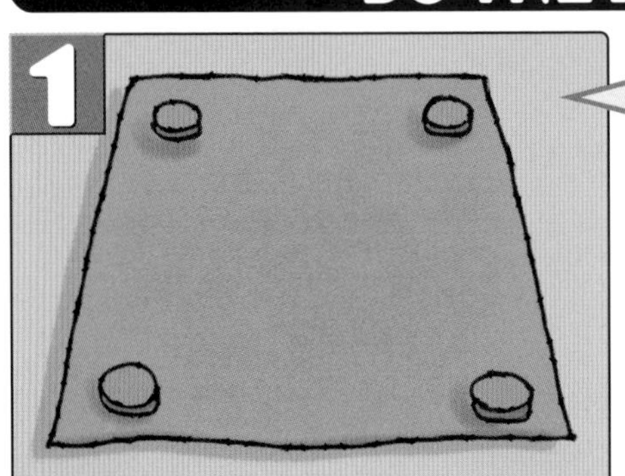

1 ハンカチの四すみにコインが4枚、右手にカードが2枚あります

❶4つ折りにしたハンカチの四すみにコイン、右手にはカードが2枚あることを相手に示す。

まず、2枚のカードを、それぞれコインの上に重ねます

❷最初に右上のコインの上にカードを1枚、次に左下のコインの上にも1枚重ねて置く。

最初のカードをめくってみると…あれ!?　コインがありませんね

❸右上のカードを取りのぞいてみせる。

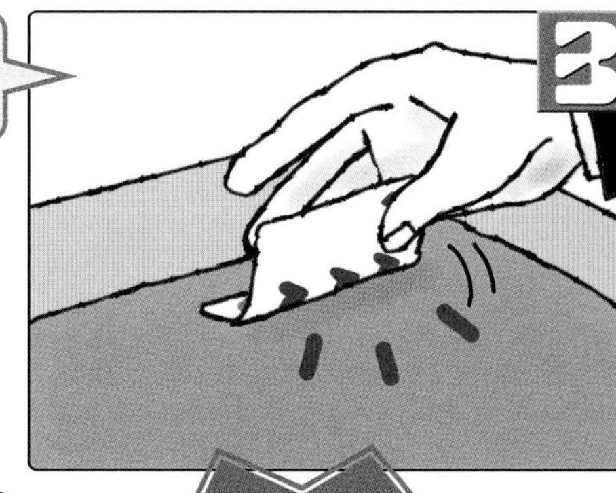

❹左下のトランプをめくってみせる。

再び、2枚のカードをそれぞれコインの上に置いてみましょう

❺左上のコインの上に1枚、続けて左下の2枚のコインの上に1枚、カードを置く。

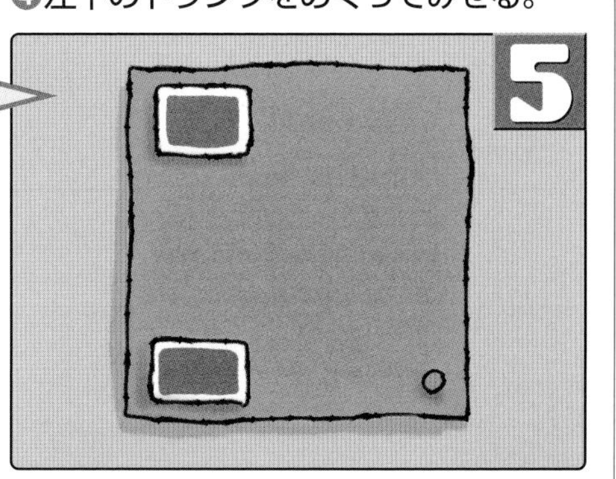

もう一度めくってみると…
おおっ、左上のコインもこちらに
来ています！

❻左上のカードと、左下のカードを順にめくって開ける。

さあ、
最後に残ったコインの上にも
カードを置きます

❼右下のコインの上にカードを置き、続けて左下の3枚のコインの上にもカードを置く。

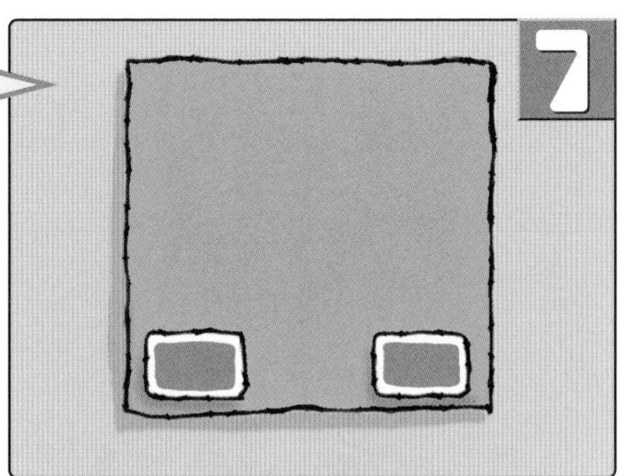

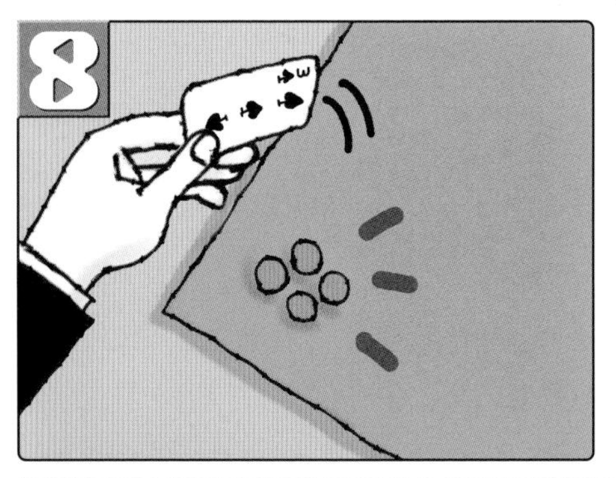

タ・ネ・あ・か・し

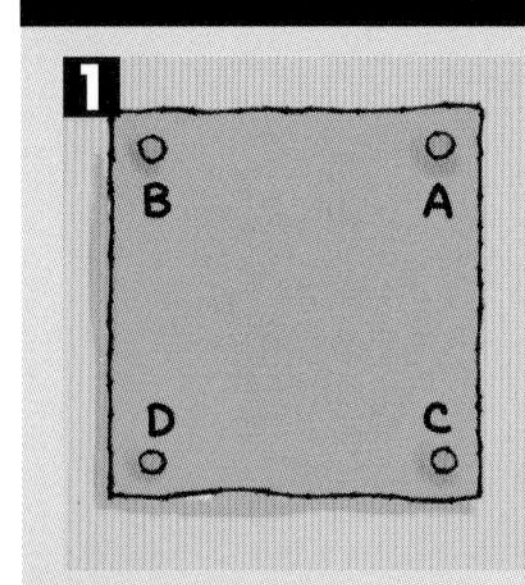

❶ 4つ折りにしたハンカチを敷きます。これは、タネのコインをテーブルに置くときに音がしないようにするため。ここではコインの位置を図のようにＡＢＣＤとする。

❷ 最初に、2枚のカードで隠れるように、左手にコインを1枚隠しておく。

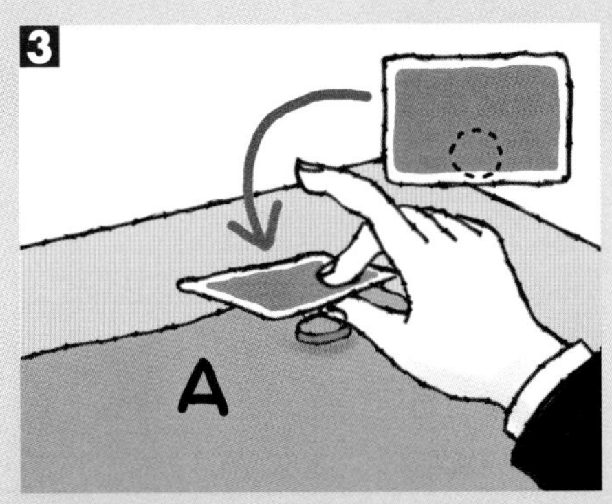

3 ここからマジックスタート。まず、左手のカードを1枚取ってAのコインの上に重ねる。このとき、図のようにコインが手前にくるよう置く。これは、後の動作でカードとコインを同時につまむための準備。

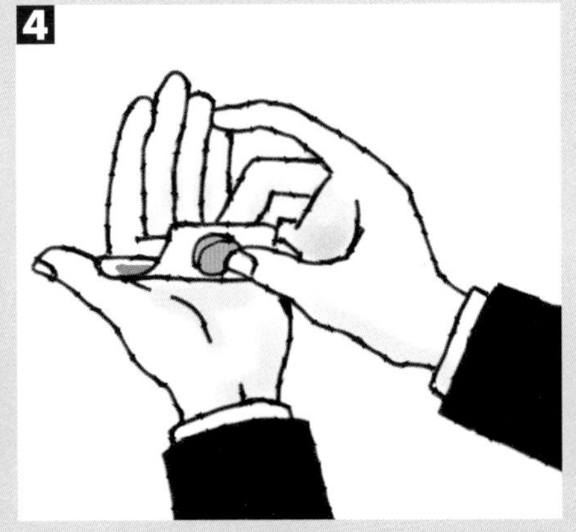

4 2枚目のカードは、左手に隠しておいたコイン(タネ)と一緒に重ねて取り出す。ここがポイント。

5 4で右手に持ったカードをDのコインの上に重ねるときに、音が出ないように注意しながらタネのコインも置く。これでDの位置のカードの下にはコインが2枚になる。

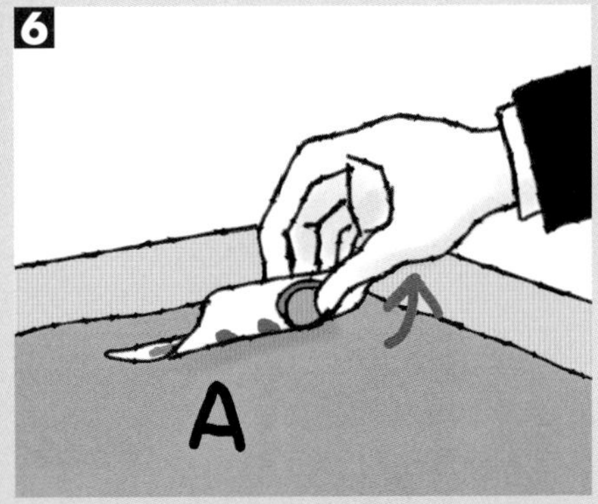

6 いよいよカードをめくってみせる。まず、Aのカードは右手でコインと重ねてつまみ取る。

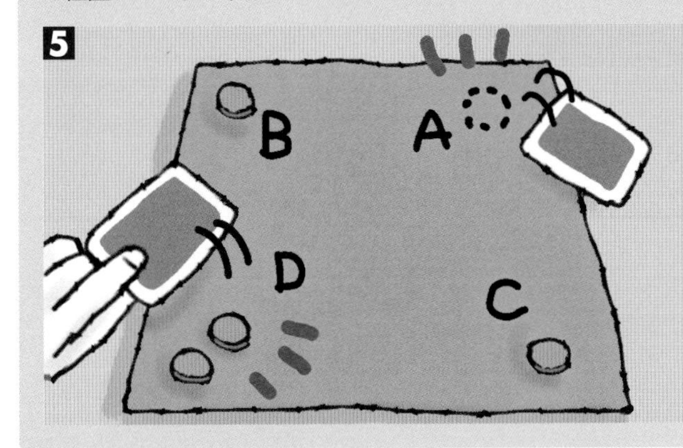

7 次に、Dからは左手でトランプだけをめくる。そこにはコインが2枚。相手にはAからコインが消え、Dに瞬間移動したように見える。あとは、右手につまみ取ったコインを次のタネにして、同じ要領で続けていけば、最後にDの位置に4枚全部が集合する。マジックが終わったら、さりげなくカードとコインはポケットにしまおう。

コップを突き抜けるコイン

左手に置いたコインに、カツカツとコップを当てる——。
コインはコップの底を突き抜けて、中に入ることができるだろうか!?

用意するもの ●コイン1枚
●ガラスのコップ

LEVEL 3 しっかり練習!

コイン・お札　通り抜ける!

DO THE MAGIC!!

ここにコインが1枚あります

1

❶手に持ったコインを相手に見せる。

このコインを
左の手のひらに置きます。

❷コインを左手の手のひらに置く。

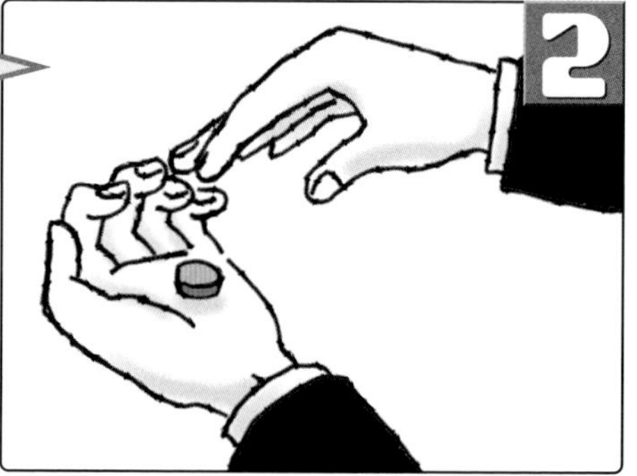

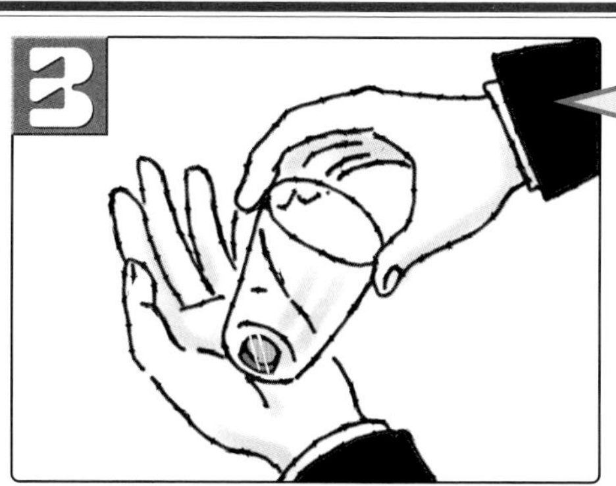

**コップの底を通り抜けるかな…
う～ん（笑）、やっぱりムリですね**

❸コップの底をカツカツと左手のコインに押し当てる。

**もちろん、見てのとおり
タネも仕掛けもないコップです**

❹相手にコップの底を見せる。

**コインもこのとおり、
タネも仕掛けもありません**

❺右手と左手で交互につまんで、相手にコインをよく見せ、確認してもらう。

**では、再びコインを
左手の手のひらに置いて…**

❻右手の手のひらに乗せたコインを、左手の手のひらに手渡して握る。

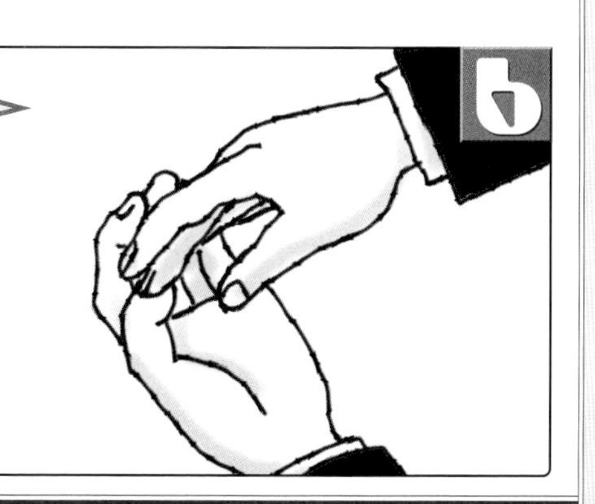

あれ!! 今度は、コップの底をコインが突き抜けた!

タ・ネ・あ・か・し

準備

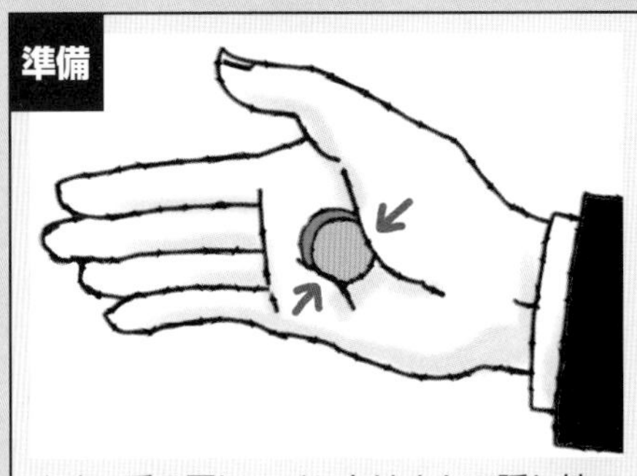

まず、手の平にコインをはさんで隠し持つテクニック「パーム」を覚えよう。右手を広げて真ん中あたりにコインを置き、親指と小指の付け根を近づけるようにするとコインをはさみ持つことができる。

この状態で、手の平を逆さにしてもコインが落ちないように、指が自由に動かせるよう練習する。自分がパームしやすい位置をみつけるといい。

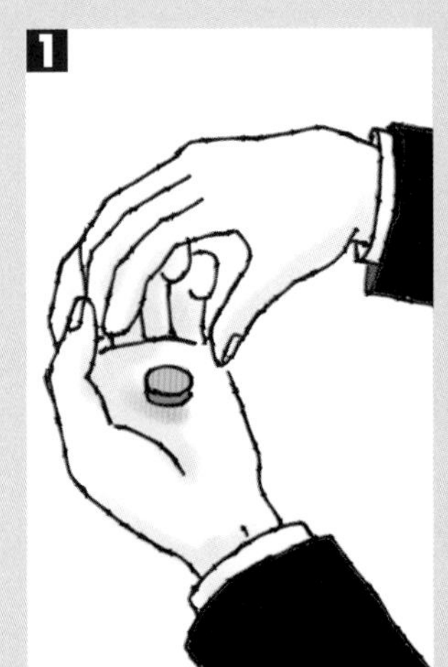

1 マジック開始。はじめにコインを左手の手のひらに置くときは、コインを高い位置から落とすのではなく、左手の中に右手を入れて手渡すようにして、同時に左手を握る。

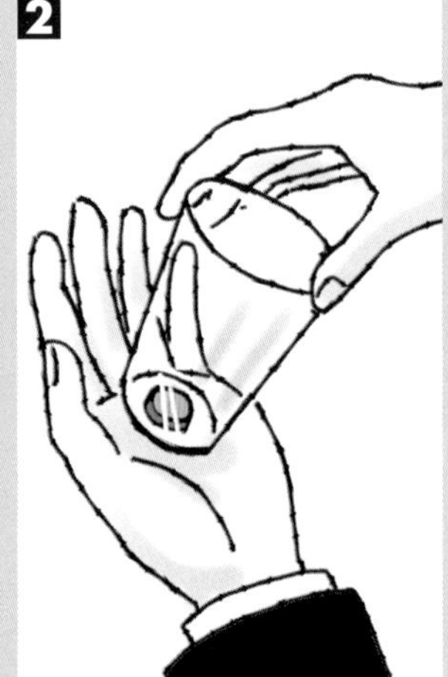

2 次に、左手のコインにコップの底をカツカツと押し当ててみせる。これは実際に左手に手渡されたコインがあることを示すため。

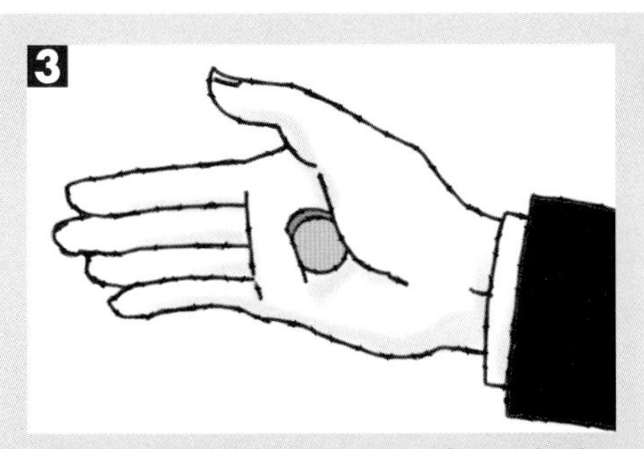

3 つまみ上げたコインを、右手、左手と交互に相手に見せたあと、右手の手のひらに乗せる。右手、左手と繰り返すのは、コインを右手に自然な感じで移動させるため。

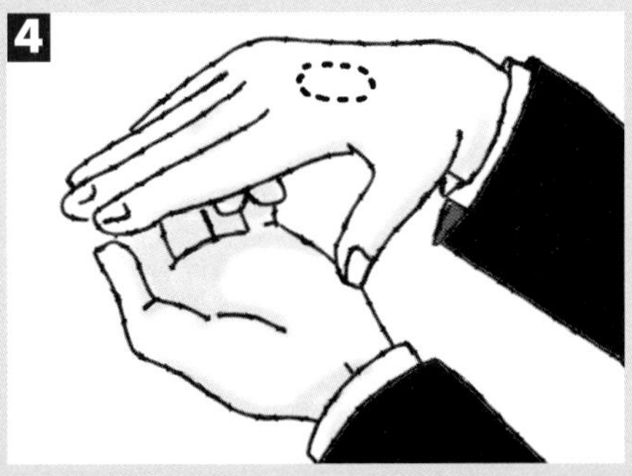

4 右手から左手にコインを手渡す2回目の動作では、コインを左手に手渡すフリをして実は手のひらに「パーム」する。

5 左手の方はコインが手渡されたように握って、相手に軽く突き出す。そのとき視線も左手に向けよう。こうすることで相手の注意は左手に注がれる。

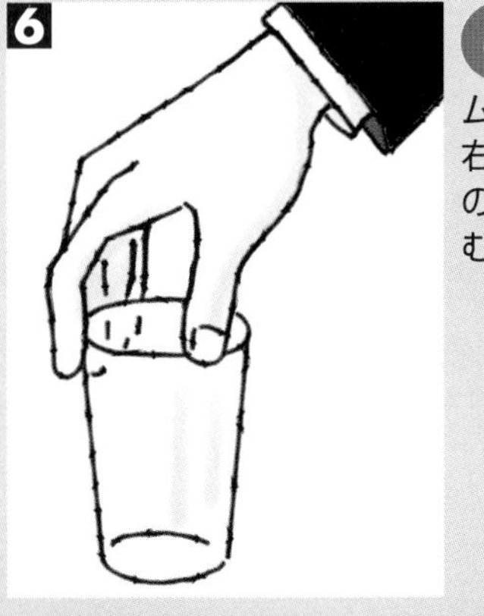

6 コインをパームしたままの右手でコップの上をつかむ。

7 左手にコップの底を打ちつける瞬間に左手を開き、同時に右手にパームしたコインをコップの中に落とす。ガシャンという音ともに、コップの中には底を通り抜けた(ように見える)コインが。

KEY POINT!
●キーポイント●

パームを繰り返し練習しよう

このマジックを成功させるには、コインを手の平にはさんで隠し持つ「パーム」がポイント。上達すればコインをはさんだままコップをつかむ動作にも違和感がなくなり、相手にバレることもない。また、コインを左手に手渡すフリをする動作もポイントだ。右手と左手のコンビネーションを練習しよう。

たたむと コインを生むお札

なんの変てつもない1枚のお札。しかし、チョイチョイと
たたむだけで、お札の中からコインが飛び出してきた!

用意するもの ●千円札1枚 ●コイン1枚

LEVEL 2 すこし練習!

コイン・お札　現れる!

DO THE MAGIC!!

1

ここに1枚、千円札があります

❶相手から千円札を1枚借り、左手に持ってかかげる。

もちろん、
タネも仕掛けもありません

❷千円札を引き抜いて裏返し、相手に表裏を見せる。

お札のシワをよく伸ばして…

❸左右の手で千円札の両端を持ち、シワをのばす動作をする。

4

折りたたんでいきましょう

❹千円札を折りたたんでいく

タ・ネ・あ・か・し

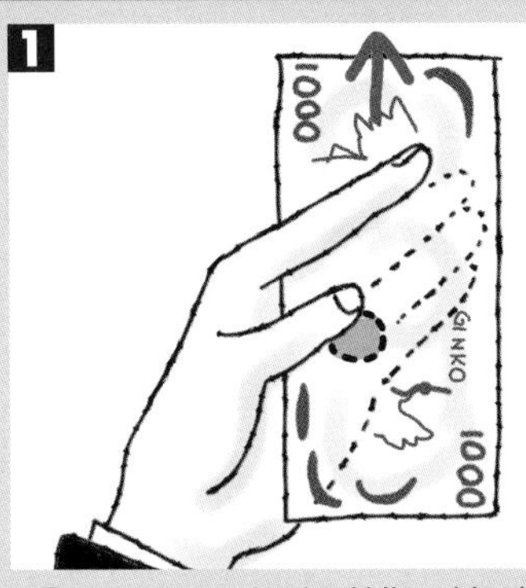

❶ コインを左手の薬指の付け根にはさんで隠し持っておき、千円札は人差し指と中指ではさんで持つ。

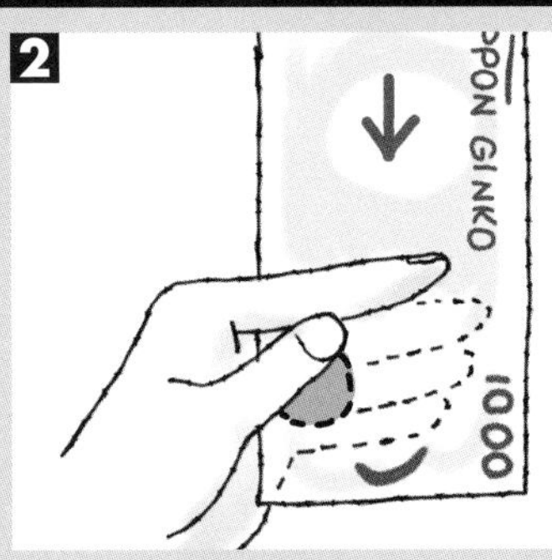

❷ そのままお札をしごくようにして右手で上に引き抜いて相手に示し、裏返して、再び人差し指と中指でお札の下部をはさんで、右手で図の位置まで引き下げる。

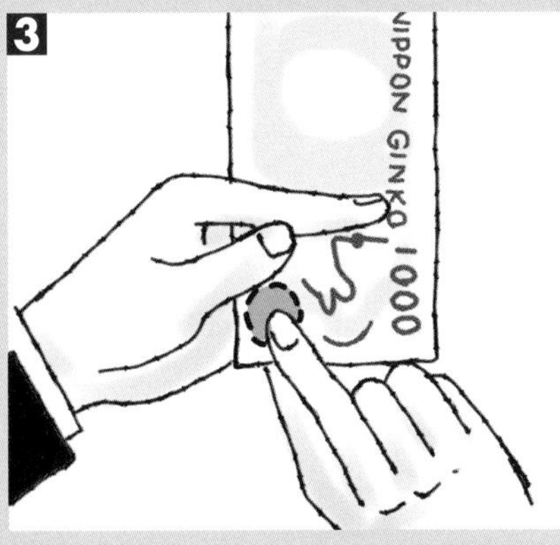

❸ 右手の親指で左手のコインをとり、お札越しに人差し指ではさむ。

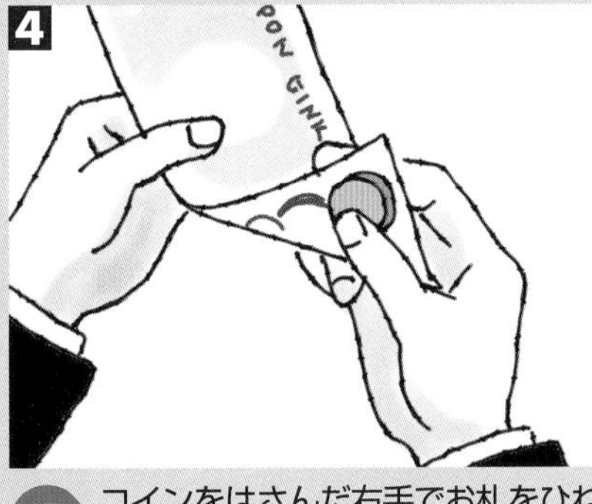

❹ コインをはさんだ右手でお札をひねるようにして引き下げ、そのまま右手と左手でお札の両端を持つ。ひねるときに、コインが見えてしまわないように注意する。

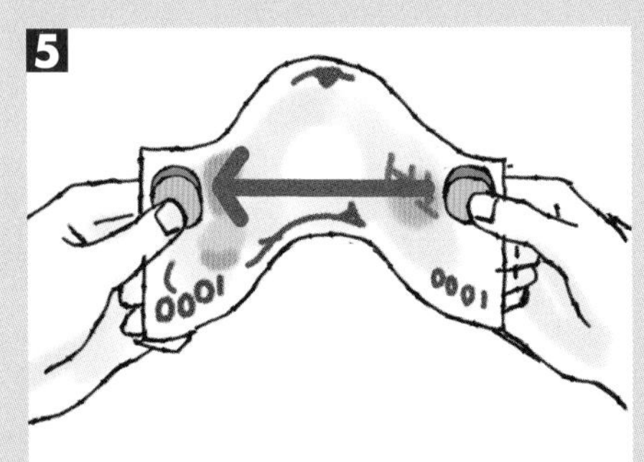

❺ お札のシワを伸ばすようにして右手と左手を近づけては離す。手を近づけたときに右手のコインを左手に移動する。

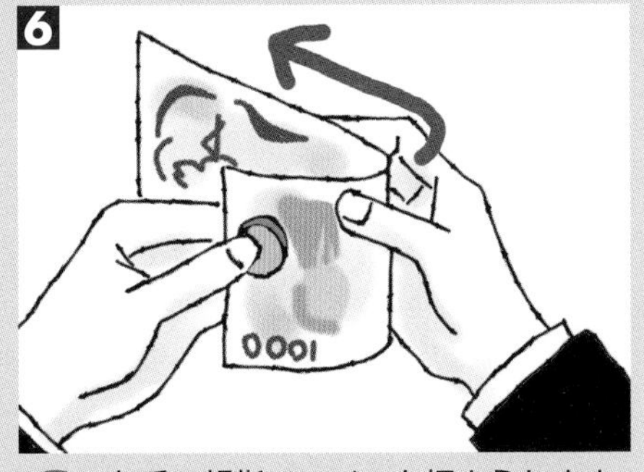

❻ 左手の親指でコインを押さえたまま、お札を折っていく。まずは千円札の右側2／3を向こう側（相手側）に折る。

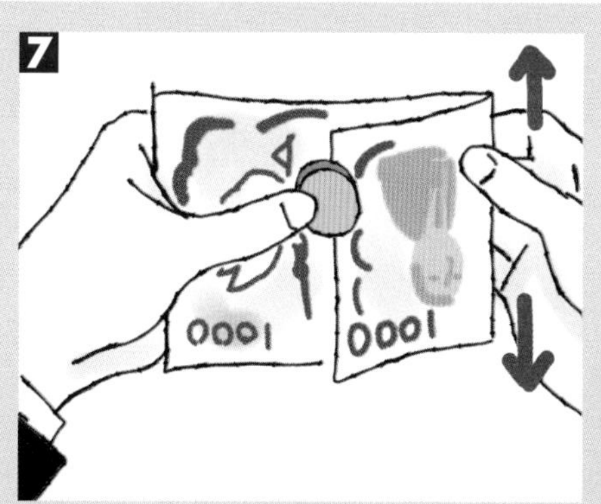

7 左手でコインと千円札を押さえ、右手でしっかりと折り目をつける。

8 きちんと折り目をつける動作をしながら、左の親指を使ってコインを左側に引き寄せて(スライドさせて)おく。

9 左へ引き寄せたコインを、今度は千円札の内側にしまいこむようにして入れ、右手の親指で押さえる。

10 右手でコインを押さえながら、図のように折った面を相手側に返す。相手に千円札の表も裏も確認させる。

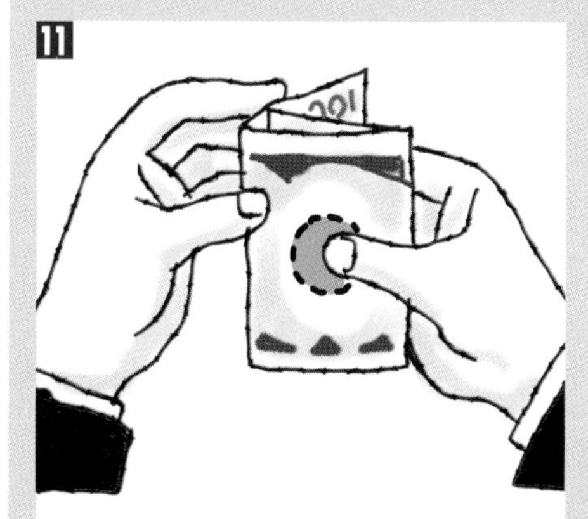

11 左手で千円札の左1／3を図のように折り曲げ、3つ折りを完成させる。

12 これで3つ折りの千円札の中にはコインが隠れている。あとは、お札を軽く振ってコインを生み出そう。一連の動作をスムーズにこなせば、あっという間にコインが生まれる！

手の中を瞬間移動するコイン

手に持った1枚のコイン。このコインを手の甲に
押し付け続けると…。あれ！　手の中を通過してしまった！

用意するもの ●コイン1枚

LEVEL 3 しっかり練習！

コイン・お札　通り抜ける！

DO THE MAGIC!!

ここに1枚の
コインがあります

1 ❶右手に持ったコインを相手に見せる。

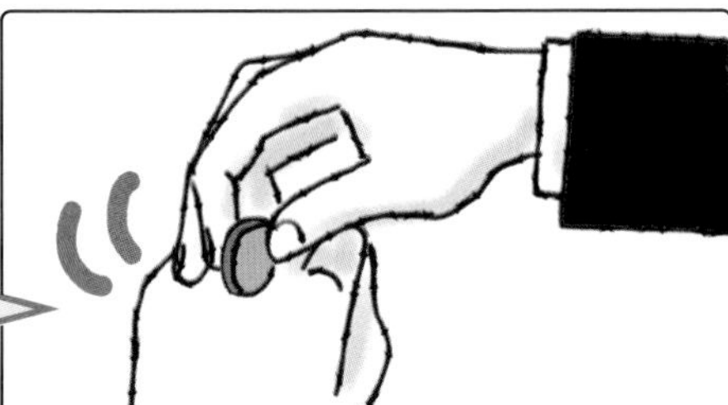

こうしてコインを
手の甲に押しつける
すると手の中を通り抜けるはず…

2 ❷軽く握った左手の甲に、コインを押しつける。

う〜ん、
うまくいきませんね

❸コインを押しつけるのを止め、左手を広げる。

よし、もう一度やってみましょう

❹再び左手の甲にコインを押しつける。

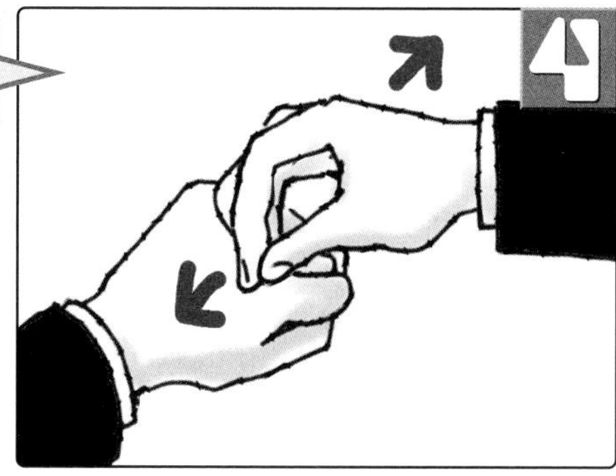

おっ!?　コインが
手の中に入ったようだ

❺右手の指先を左手の甲に押し込む。

どうです!?
コインが手の中を
通過しました!

タ・ネ・あ・か・し

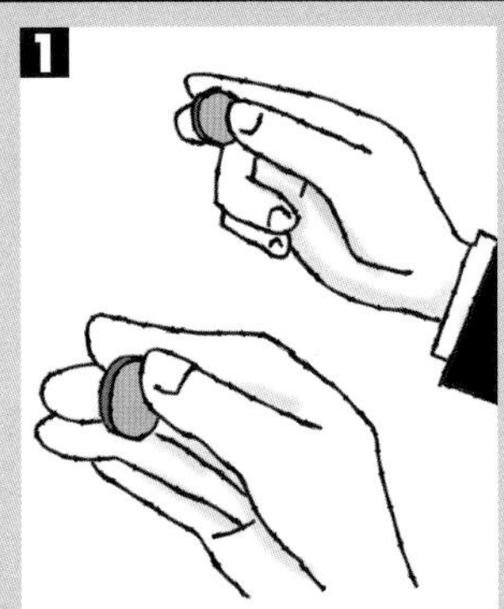

❶ コインは右手の親指、人差し指、中指の3本でつまむ。コインが見えなくなるくらい深くつまむのがポイント。

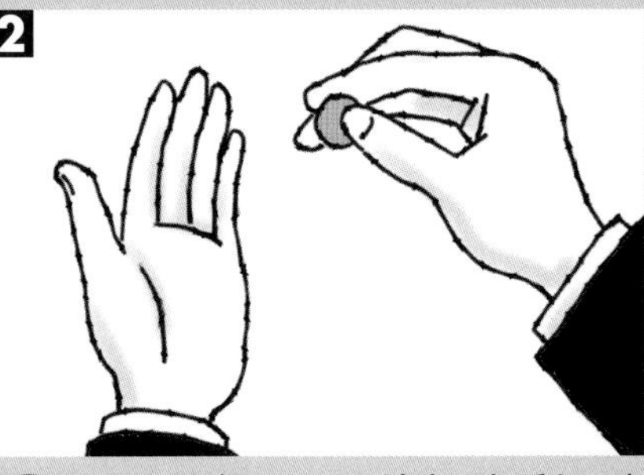

❷ コインを押しつける途中で左手を一度広げ、右手に握ったコインも見せて、まだコインが通り抜けていないことを示す。

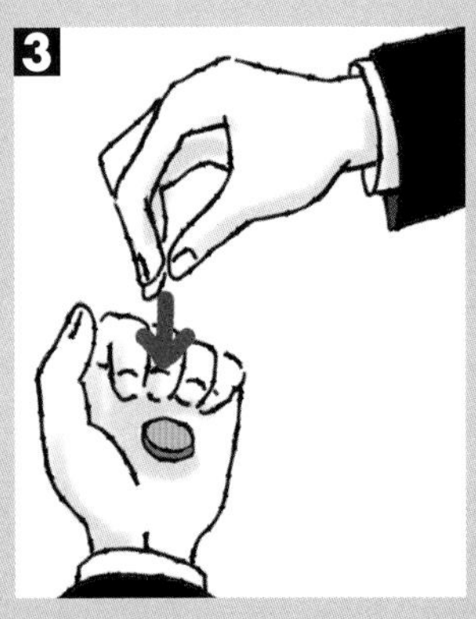

❸ ここが一番重要。左手を再び握り甲を上に向ける瞬間に、右手のコインを左手の中に落とす。右手と左手を近づけ、すばやく行うのがポイント。

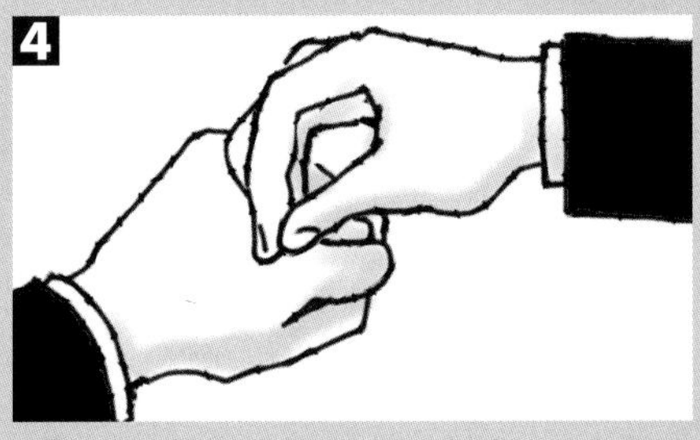

❹ 再び左手の甲にコインを押しつけるふりをする。実際にはコインはすでに左手の中だが、いかにも右手にコインを持っているように押しつけよう。

❺ さらにコインを押し込む動作をしてから、右手を左手から離してひらき、コインがないことを示す。それから左手をゆるめてコインを落とす。チャリンとコインは落ち、通り抜けたように見える。

KEY POINT!
●キーポイント●

コインの受け渡しをすばやく!

このマジックのポイントは、③の右手から左手へコインを移す動作。コインを受ける左手は、指先を軽く手前に曲げておくと、かげ（死角）になって落ちてくるコインが相手から見えなくなる。スムーズにコインを手放し、右手は、いかにもコインを持っているような形を作る。鏡を見ながらコンビネーションを練習しよう。

Ⅱ カードでイリュージョン

カードのマジックは本格派の雰囲気に満ちている！
相手の選んだカードを透視したり、予言したり、
一瞬でカードをそろえたり…！　あざやかに演じてみせよう。

この章で使う道具

カードマジックに用いるトランプは紙製の3枚貼りのタイプが、厚さ、すべりやすさ、しなり具合（弾力）とも最適。サイズは、ポーカーサイズのものが使いやすいはず。

ストップでカードを透視する

パラパラパラ…とめくられるカード。ストップ！の声がどこでかかっても、私にはカードが透視できるのです！

用意するもの ●1組のカード

LEVEL 1 かんたん！

カード　透視！

DO THE MAGIC!!

パラパラめくるので、
好きなところで
ストップをかけてください

❶カードを相手に向かってパラパラとめくりながら、ストップをかけるように言う。

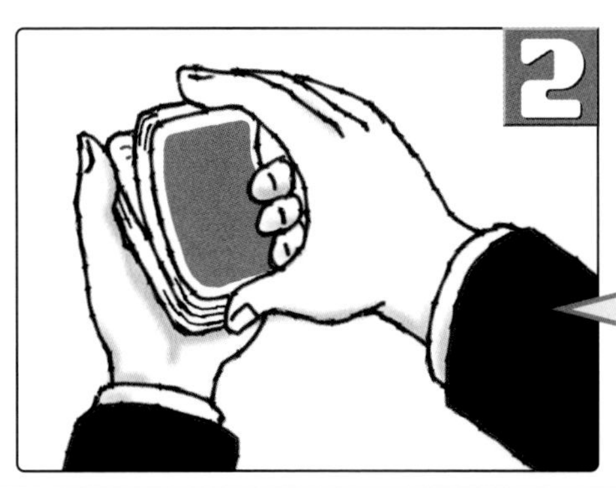

「ストップ！」(相手)
ここでOKですね(マジシャン)

❷相手がストップをかけたところでめくるのを止める。

❸ストップがかかった部分から上のカード束をテーブルに置く。

透視してみましょう。
フム、一番上のカードは
ズバリ、
ダイヤのAですね!

❹左手に残ったカード束の一番上のカードを当てて見せる!

タ・ネ・あ・か・し

❶シャッフルしたあとに、一番上のカードをこっそり覚えておく。これがこのマジックのキーポイント。

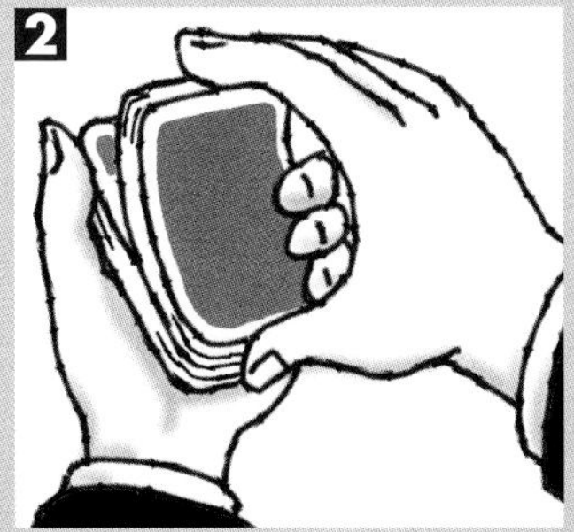

❷パラパラとめくるときには、左手の中指・薬指・小指の3本で一番上のカードをしっかり押さえておく。

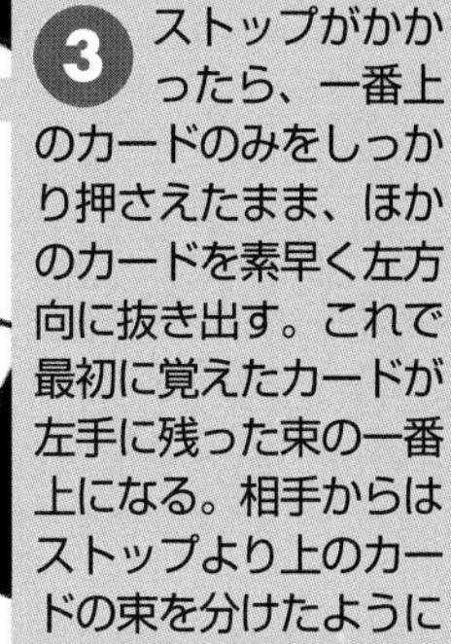

❸ストップがかかったら、一番上のカードのみをしっかり押さえたまま、ほかのカードを素早く左方向に抜き出す。これで最初に覚えたカードが左手に残った束の一番上になる。相手からはストップより上のカードの束を分けたようにしか見えない。

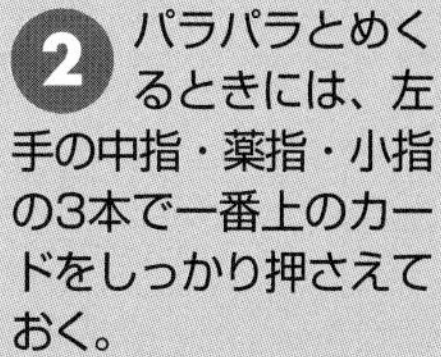

百発百中の透視術

あなただけが知っているカードですが、私には見えます。
ホラ、何回やっても絶対にハズレることはありません！

用意するもの ●1組のカード

カード

透視!

DO THE MAGIC!!

こうしてカードをお見せします。
そのカードをみごとに
当ててご覧にいれましょう！

❶相手によくシャッフルしてもらってから受け取り、カードの束の一番下を相手に見せる。

ここからが本番です。
このカードを、
よ～く覚えてください

❷カードをひとたび背後にまわしたあと、先ほどと同様に相手にカードを見せる。

タ・ネ・あ・か・し

1 相手にシャッフルしてもらったら、カードを背中に回し、両手で適当に半分に分ける。そして片方の束を裏返し、互いの裏面を合わせて重ねる。これでどちらも数字面が表にくる。

2 「こうしてお見せしたカードを、これから当ててみせます」と話しながらカードを相手に見せる。ここではまだ実際に当てるわけではなく、「このようにやります」と示すだけ。ただし、そのときに自分側に見えるカード(♥の5)をしっかり覚えておく。

3 再びカードを背中に回し、先ほど自分側にあったカード(♥の5)を反対側(相手に見せる側)の一番上に重ねる。背後でカードをシャッフルしているように見せるのがポイントだ。

4 今一番上に重ねたカード(♥の5)を相手に見せるように出す。そのカードは先ほど覚えたカードだから、それを言えばOKだ。このとき、再び自分側のカードを覚えて、同じように手順を繰り返していけば、何度でもカードを当てることができる。

一瞬で変身するカード

私の右手には不思議な魔力があるのです。
ほら、手を重ねるだけで…別のカードに変わってしまった!

用意するもの ●1組のカード

LEVEL 2 すこし練習!

カード　変身!

DO THE MAGIC!!

**何のヘンテツもない
1組のカードです**

1

❶左手にカードを横にして持ち、数字の面を相手に見せる。

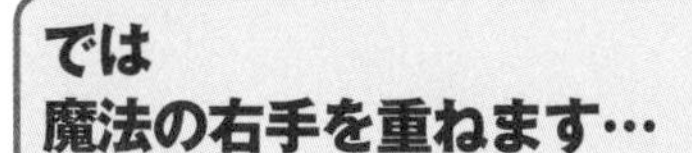

❷左手のカード全体をおおうように右手を重ねる。

タ・ネ・あ・か・し

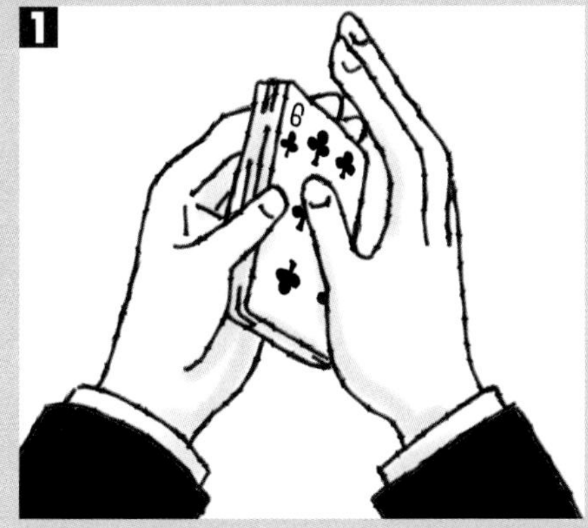

1 カードに手を重ねるときは、右手でカード全体をおおうようにして隠してしまう。

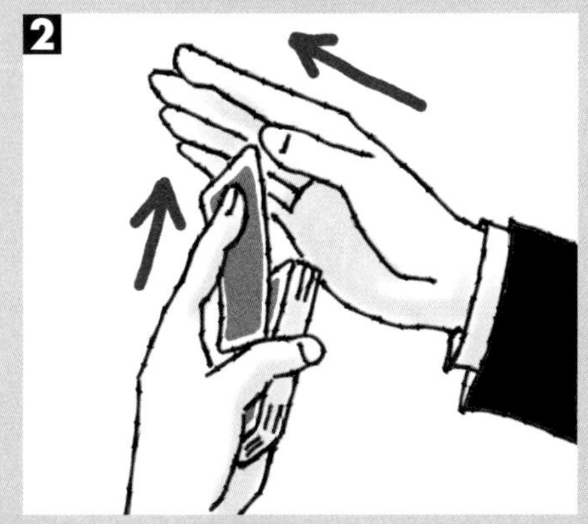

2 右手を指先の方向にすべらせると同時に、左手の人差し指で一番後ろのカードを上にスライドさせる。

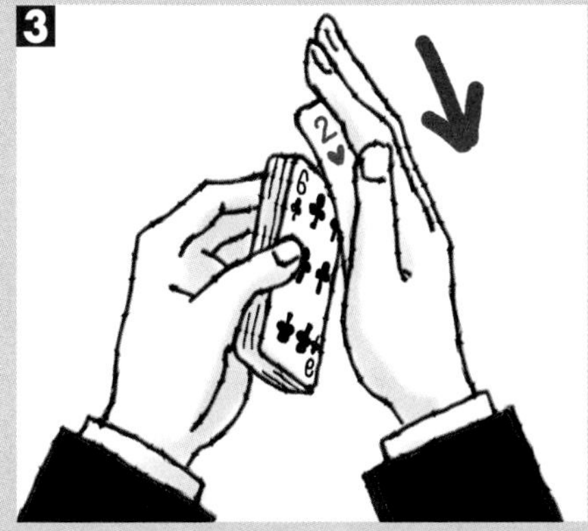

3 さらに左手の人さし指でカードを押し、押し出したカードを右手の手のひらで隠しながら受け止める。

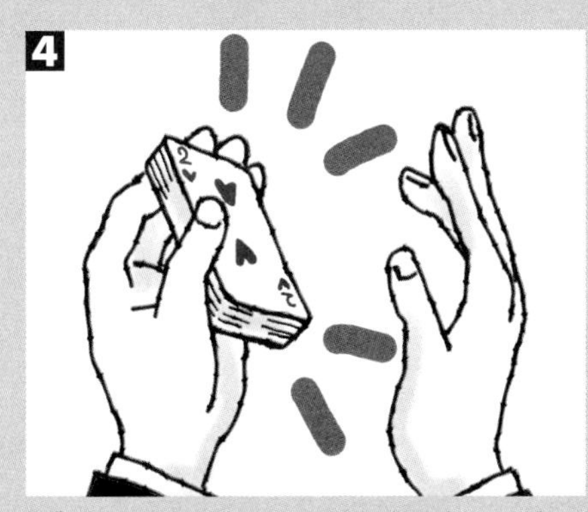

4 そのまま右手をカード束の上にもどし、手の平のカードを一番上に重ねればOK。相手には右手を一瞬ずらしただけでカードが変わったように見える！

ストップでエースを呼び寄せる

好きなところでストップをかけてもらったはずだが、
4列に分けたカードのトップには…なぜかエースが勢ぞろい!

用意するもの ●1組のカード

カード　そろう!

DO THE MAGIC!!

カードをよ～くシャッフルします

❶カードをしっかりとシャッフルしてみせる。

好きなところで
ストップをかけてください

❷カードを1枚ずつテーブルの上に重ねていき、相手に好きなところでストップをかけてもらう。

❸ストップかかったところで、横に重ねたカードの束を手に取り、順番に4列に分けて並べていく。

❹それぞれの一番上のカードを開くと…。

タ・ネ・あ・か・し

❶ あらかじめカードの束の一番上にエースを4枚重ねておく。これがこのマジックのタネとなる。①ではフォールスシャッフル（P157参照）をして、4枚のエースが一番上に残るように注意する。

❷ 1枚ずつテーブルに置いていくところでは、4枚以下ではマジックが成立しないので注意。必ず4枚目以上で10枚目くらいをめどに「ストップをかけてください」とお願いする。カードが多いほど、タネはバレにくい。手元に残ったカードは使わず、テーブルに置いたカードを取って順に4列に並べていけば、一番上は自然にすべてエースになる。

シャッフルしてもわかるカード

しっかりシャッフルしてもOK私には見える――。
あなたの選んだカードをズバリ当ててみせましょう!!

用意するもの ●ジョーカーを除いた52枚のカード

LEVEL 1 かんたん!

カード　透視!

DO THE MAGIC!!

好きなだけ
シャッフルしてください

❶相手にカードをシャッフルしてもらう。

念のため、
私もシャッフルしましょう

❷自分でもシャッフルしてみせる。

好きなところで
ストップをかけてください

❸カードを1枚ずつ重ねながらテーブルの上に出していき、相手にストップをかけてもらう。

ストップをかけた
このカードを
よく覚えてください

❹ストップがかかったら、そのカードを相手にだけ見えるように渡し、カードを覚えてもらう。

覚えたカードは
束の上に置いてください

❺覚えたカードは、③でテーブルの上に置いたカードの束の一番上に重ねてもらう。

**私の持っている
残りのカードもここに重ねます**

❻さらに手元に残っているカードをその上に重ね置く。

**さらにシャッフルして
よく混ぜましょう。
これで、どこにあるのか
わからなくなっちゃいました**

❼さらにカードをシャッフルする。

**カードを広げます。
さあ、あなたの選んだ
カードはどれでしょう？**

❽テーブルの上にカードを広げる。

タ・ネ・あ・か・し

1

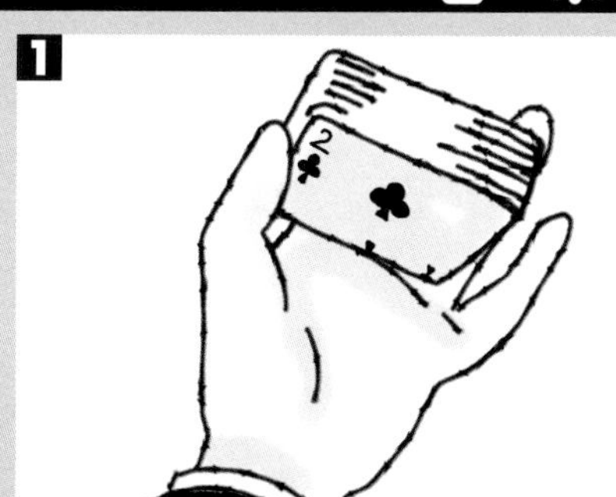

1 ②で自分でシャッフルするときに、何気なく一番下のカードを覚えておく。それがキーカードとなる（ここでは♣の2）。

2

2 覚えたら、一番下のカードの位置が変わらないように、束の上の方だけシャッフルする。

3

3 ⑥の段階で、相手の置いたカードの上に自分の持っていたカードの束を重ねると、上図のような構造になっている。1枚ずつ重ねたカードの束が少な過ぎると不自然になるので、10枚以上出してからストップをかけてもらうようにタイミングをはかろう。

4

4 ⑦でシャッフルするときは、③の構造が崩れないように、自分で覚えたカードより上の部分だけをシャッフルする。

5

5 カードの束を表向きにして広げると、最初に覚えたキーカード（♣の2）の右側に相手の覚えたカード（♥のA）が来ることになる。ズバリそのカードを指摘しよう。

KEY POINT!
●キーポイント●

キーカードを さりげなく覚えよう

最初にキーカードになる一番下のカードをさりげなく覚えるのがこのマジックの一番のポイント。カードマジックの多くは、キーカードを何気なくチェックすることが大切だ！

ジョーカーに変身するカード

真ん中に絵札をはさんだ3枚のカード。真ん中を引いてもらうと、
アレ!?　絵札のはずが引いたのはジョーカー!?　カードが変身した!

用意するもの ●トランプ4枚(ジョーカーを含む)
●ハサミ
●セロテープ

かんたん!

カード

変身!

DO THE MAGIC!!

**この3枚のカードを
よく見てください。OK?**

1

❶相手に扇形に開いた3枚のカードの表面(数字側)を見せる。

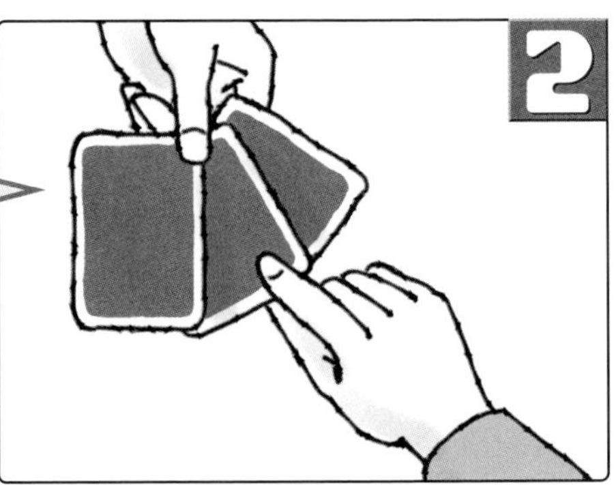

2

**真ん中のカードは何でしたっけ?
では、引いてみてください!**

❷カードを裏返し、相手に真ん中のカードが何であったか確認して、真ん中のカードを引いてもらう。

タ・ネ・あ・か・し

❶ タネを作る。図のように真ん中にくるカード（絵札）を斜めにして合わせたあと、裏向きに開いてセロテープで貼る。表向きに戻し、はみ出た部分をハサミできれいに切り取る。

❷ セロテープで貼りつけた絵札を表向きにしてから、その下にぴったりとジョーカーをはさみ込む。

❸ その上にもう1枚の字札を重ねればタネの完成。絵札とジョーカーの境目がしっかりと隠れるように字札を重ねること。

❹ 相手にカードの表を見せて確認させたあと、裏返して真ん中のカード（はさまっているジョーカー）を引かせる。相手が引いたカードを見ている間に、素早く親指でカードを動かして残ったカード2枚を重ね、カットされた絵札を隠す。そして残ったカードが2枚だけであることを相手に見せる。

ジョーカーの代わりに白無地カードにメッセージ（結婚式であれば「Congratulations!」など）を書いておき、相手に引かせるのも盛り上がって面白い。また絵札と同じカードをあらかじめポケットなどに隠しておき、相手がジョーカーを確認した後に取り出せば、さらに不思議度が増す。

4x4のマジック

ここに並んだ16枚のカード。たった2回の質問で
あなたが選んだカードをズバリ当ててみせましょう!

用意するもの ●どれでも好きな16枚のカード

LEVEL 2
すこし練習!

カード　当てる!

1

DO THE MAGIC!!

**全部で16枚の
バラバラのカードがあります**

❶16枚のカードをテーブルに出す。

このカードを
4枚ずつ4列に並べます

❷カードを、裏返しに4枚ずつ4列に並べる。

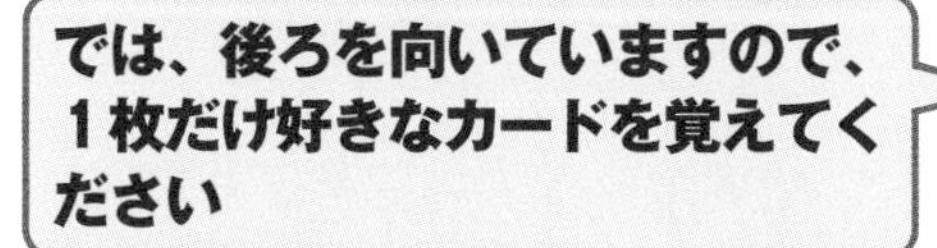

❸後ろを向いて、相手に好きなカードを1枚選び、覚えてもらう。

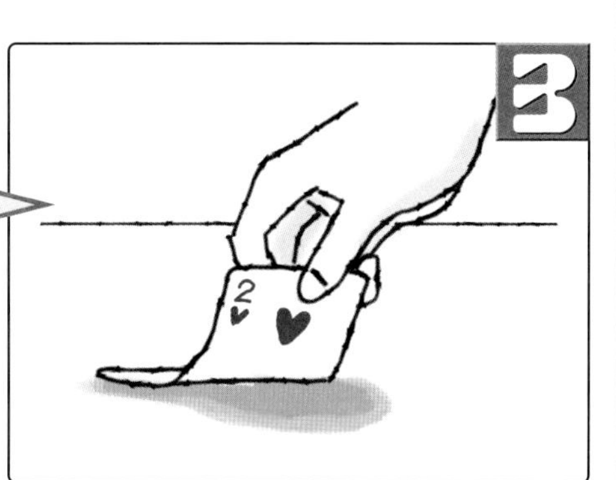

A　B　C　D

最初の質問です。
覚えたカードは
どの列にありますか？

❹相手に覚えたカードがどの列にあるかだけを答えてもらう。

う〜ん。では
一度、カードを集めます

❺並んでいるカードを1度すべて手元に集める。

よし。今度はもう一度、表向きにして並べてみます

❻カードをすべて表向きにして、再び4枚ずつ4列に並べる。

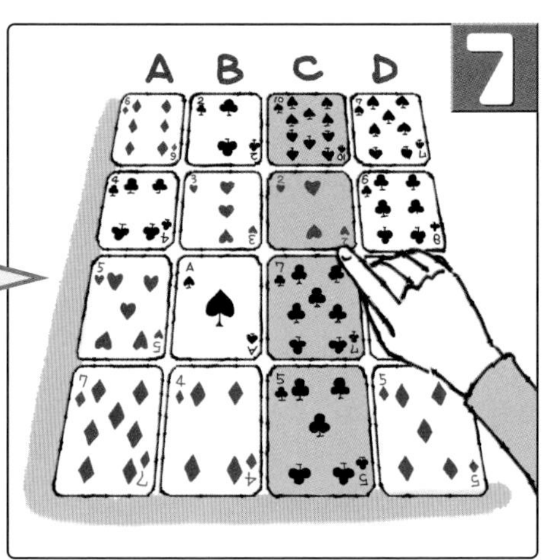

最後の質問です。カードはどの列にありますか？

❼再び、相手に覚えたカードがどの列にあるかだけ答えてもらう。

KEY POINT!
●キーポイント●

表裏と返すのが不思議に見えるポイント

最初は裏返しに、次に表にして集めてはまた並べるという動作が不思議さをあおっている。仕組み（タネあかし）は、最初も2回目も表にして並べてみるとわかりやすい。カードの並びが90度回転しているのがわかるはず。手際よく演じよう。

タ・ネ・あ・か・し

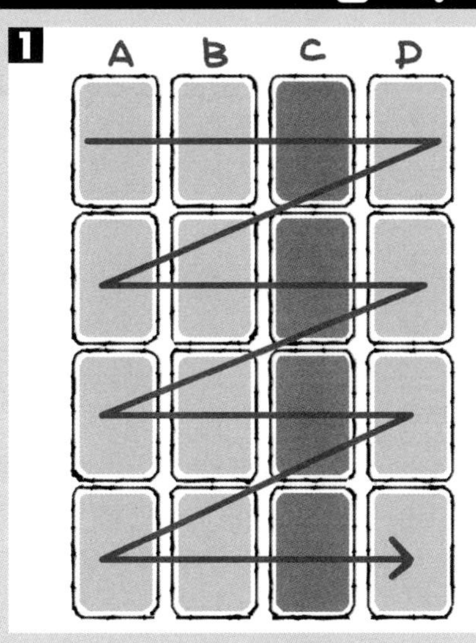

❶ 1回目に裏返しに並べたカードを回収する（裏向きのまま下から重ねる）ときは、上段からヨコにABCDの順に集め、次に2列目、3列目、4列目と同様に集める。

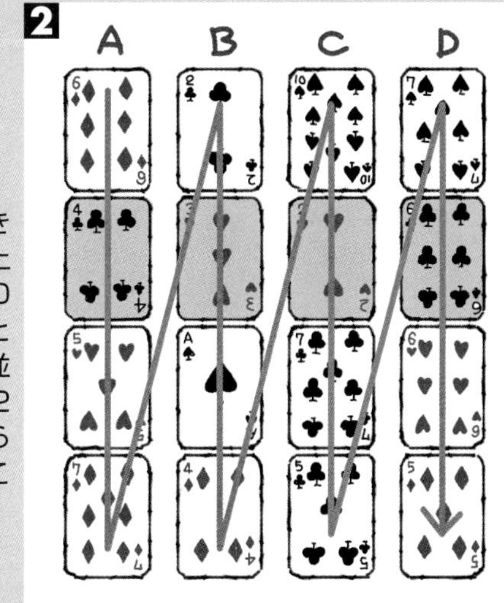

❷ 次に、回収したカードを並べていくときは、上から1枚ずつ表向きにして、左上からタテに4枚ずつ並べてA列、B列、C列、D列をつくっていく。こうすると最初に並べたときC列にあった4枚は、上から2列目にヨコに並ぶことになる。最初に並べたときA列だったら2回目に並べたときは上から4列目、B列だったら3列目、D列だったら1列目にヨコに4枚並ぶことになる。

❸ 2回目の質問で、相手のカードがどの列にあるか（C列）を答えてもらえば、最初の質問の答えがCなら上から2列目（♥の2）、Aなら一番下、Bなら3列目、Dなら一番上のカードが相手のカードの正解だ。最初の質問の答えと2回目の質問の答えが十字にクロスしてその交差地点のカードが正解となる。

ハンカチの中のカードを的中する

ハンカチで隠したカード。しかも相手に好きなだけ取って
もらっても、残ったカードの一番上をピタリと当てましょう!

用意するもの ●1組のカード
●ハンカチ

カード

透視!

DO THE MAGIC!!

よく切ったカードがあります。
この上にハンカチをかけましょう

1

❶カードを手の平に乗せ、その上にハンカチをかぶせる。

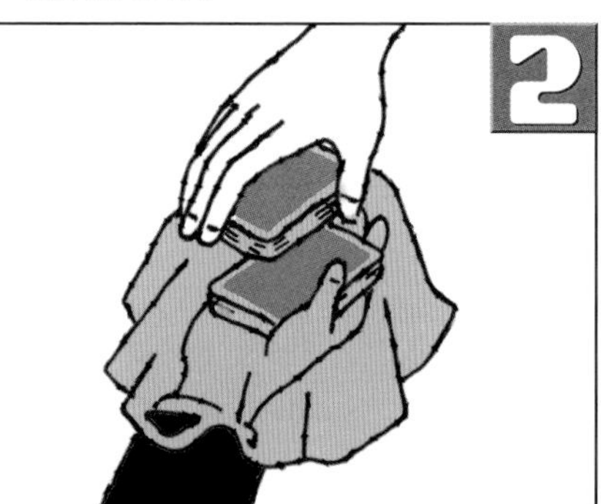

ハンカチの上から
好きな分だけつかんでください

❷相手にハンカチの上から好きな分だけカードをつかんでもらう。

私の手元に残った
カードをここに置きます。
さあ、この一番上のカードは…？

❸自分の手元に残ったカードをテーブルの上に置き、一番上のカードを透視する。

❹テーブルに置いたカードの一番上を言い当てる。（相手から受け取ったカードは使わずに脇に置く）

タ・ネ・あ・か・し

❷ハンカチをかけたときに中で束を素早く裏返し、相手に好きな分だけつかんでもらう。このときは覚えたカードは一番下にある。

❶マジックを始める前に、あらかじめ束の一番上のカードをさり気なく覚えておく。このカードを言い当てることになる。

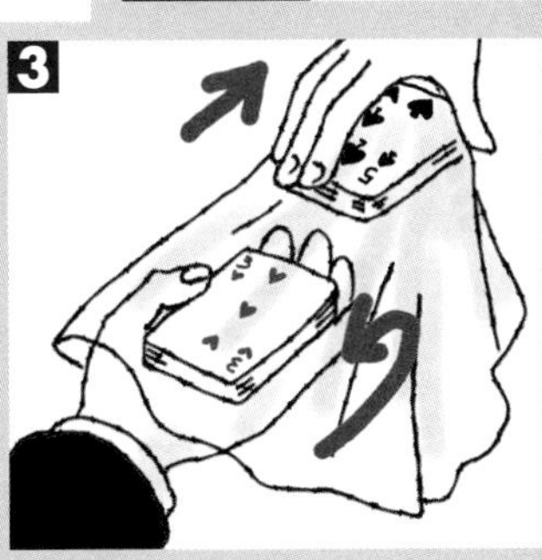

❸手元に残ったカードをハンカチの中で再び素早く裏返し、テーブルに置く。これで最初に覚えたカードは再び束の一番上だ。あとは透視したようにして言い当てればOK。相手がつかんだカードも、受け取ったらハンカチの中で素早く裏返し、使わないので脇に置いておく。

戻したカードを探し当てる

好きなカードを選び、再び好きな場所へ戻してもらう…。
でも、おまかせを。そのカード、探し当ててみせましょう!

用意するもの ●ジョーカーを除く1組のカード

かんたん!

カード

当てる!

DO THE MAGIC!!

この中から好きなカードを1枚引いて、覚えてください

❶広げたカードの中から、相手に好きなカードを1枚選んで引いてもらい、覚えてもらう。

覚えましたか?　では好きなところに戻してください

❷広げたカードの好きなところに、先ほどのカードを戻してもらう。

タ・ネ・あ・か・し

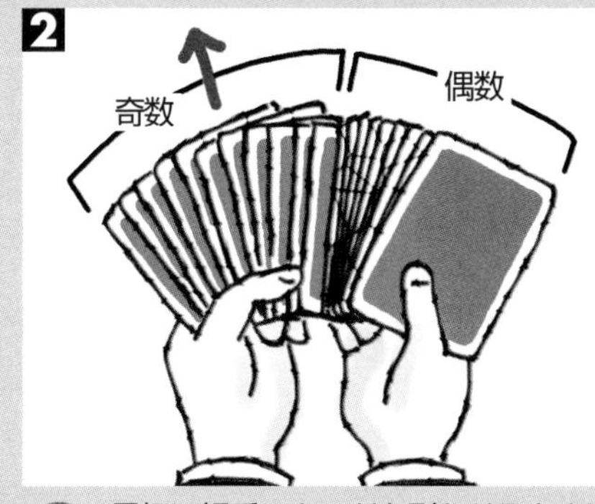

❶ あらかじめカードを偶数と奇数に分けて重ねておく。これがタネとなる。相手にカードを見せるときには、偶数と奇数に別れていることがバレないように手早く済ませる。

❷ 最初に相手にカードを引かせるときは、奇数か偶数のどちらかだけを広げるようにする（図の場合は奇数）。そうすると相手は自然と広げたところからカードを引いてくれる。

❸ 相手が引いたカードを見て覚えている間に、さり気なく束を閉じ、今度は反対の束（偶数）を広げ、広げた方に入れてもらうようにする。

❹ 相手の引いた（戻した）カードは、偶数の中に奇数が１枚、または奇数の中に偶数が１枚と、すぐに判別できる状態になっている。それを見つけて言い当てればOKだ。

頂上に現れる3のマジック

“3”には不思議な魔力が宿っています。適当に振り分けても、
その魔力でアッという間にすべての3が頂上に現れるのです！

用意するもの ●ジョーカーを除いた1組のカード

ここによく切った
1組のカードがあります

❶1組のカードを、よく切って相手に示す。

まずはこのカードを
ほぼ均等に2つに分けます

❷カードの束を、ほぼ均等に2つに分ける。

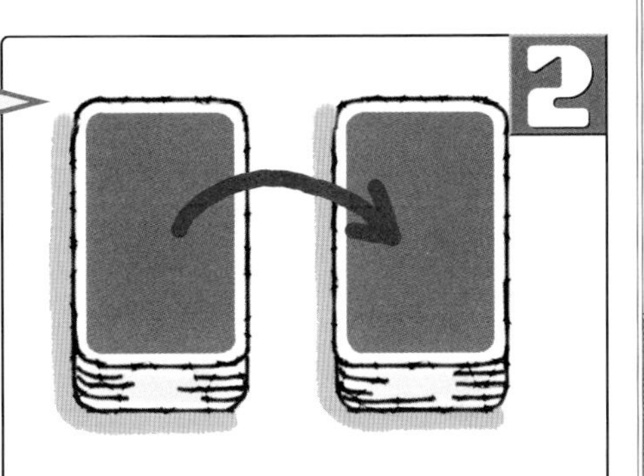

それぞれの組を
さらに2つに分けましょう

❸先ほどの2つの束をさらにそれぞれ2つに分け、計4つの束にする。

“3”には
不思議な魔力があります。
その力を借ります

❹まず一組の束を手に取り、以下の手順で配っていく。

ホイ、ホイ、ホイッと…
3枚ずつ置いていきます

❺まず手に取った束のところに3枚置き、次にほかの束の上に1枚ずつ重ねていく。

残ったカードは元に戻して
次の束に移ります

❻配り終えて残ったカードは元あったところに戻し、この手順で残りの組でも同じように続ける。

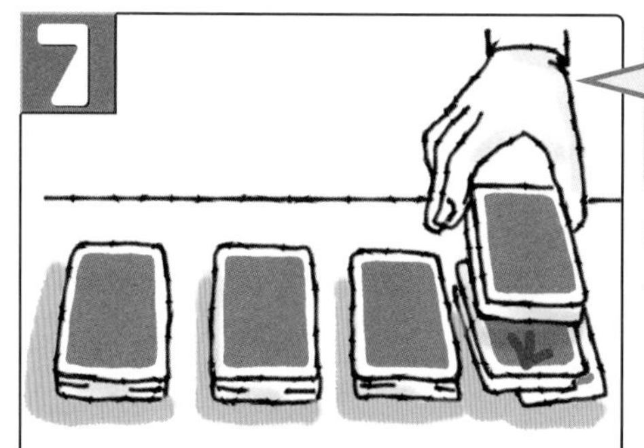

これが最後の束ですね
これですべての組に
3の魔法がかかりました！

❼4つの束すべてで、同じ手順を終了する。

❽4つの組の一番上のカードを開いてみると…。

タ・ネ・あ・か・し

1

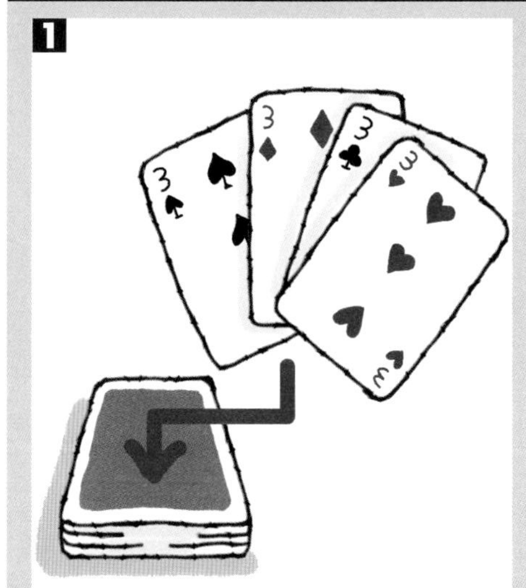

① あらかじめカードの束の一番上に4枚の3をセットしておく。

2

② フォールスシャッフル（P157参照）で一番上にある4枚をくずさないようにカードを切って見せる。ただし、自信がない場合は、フォールスシャッフルは省いてもいい。

3

③ カードを4つの組に分割したときに、4枚の3が一番上に入っている束を覚えておく。以後3枚ずつ分配していくときに、3が一番上に入っている組を最後にするのがポイントだ。

4

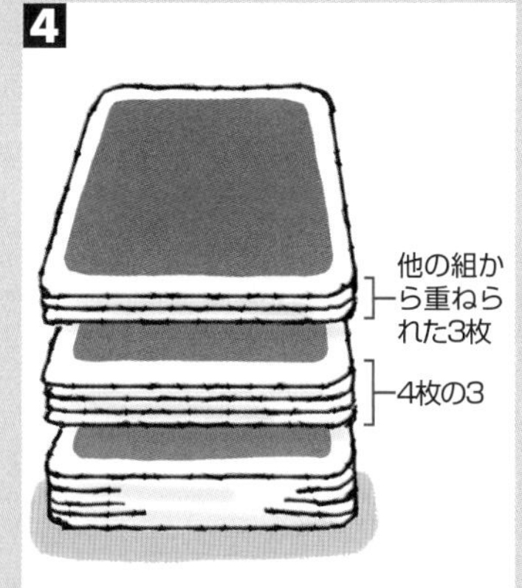

④ 最後に分配する束の状態はこうなる。そして他の組から重ねられた上の3枚は持ち上げた場所に置かれ、その下の4枚の3がそれぞれの組の一番上に配られることになる。あとは相手に4つの組の一番上を開けてもらうだけだ。

カードが知っていたハッピー・バースディ

後ろを向いています。誕生月と同じ枚数のカードを取ってください…。
残りのカードから、なんと同じ枚数でメッセージカードが現れます!

用意するもの ●ジョーカーを1枚含めた1組のカード
●HAPPY BIRTHDAYと書いたシール

LEVEL 1 かんたん!

カード 予言!

1 DO THE MAGIC!!

カードをお渡しします

❶相手にカードを手渡す。

**後ろを向いてますので、
上から自分の誕生月と
同じ枚数を取ってください**

❷後ろを向き、相手にカードを自分の誕生月と同じ枚数だけ上から取って、しまってもらう。

**1枚、2枚…、12カ月分の
カードを用意しましょう**

❸前に向き直り、残ったカードの上から1枚ずつ12枚（12カ月分）のカードを取って重ねる。

4

5月です。

**さて、
あなたの誕生月は何月ですか？**

❹相手の誕生月（5月）を聞く。

**そうですか。
ではこのカードを順番に
開いていってみましょう。
1月、2月、3月…**

❺相手が言った誕生月と同じ枚数分だけ、誕生月を数えながら手元の束からカードを開けていく。

タ・ネ・あ・か・し

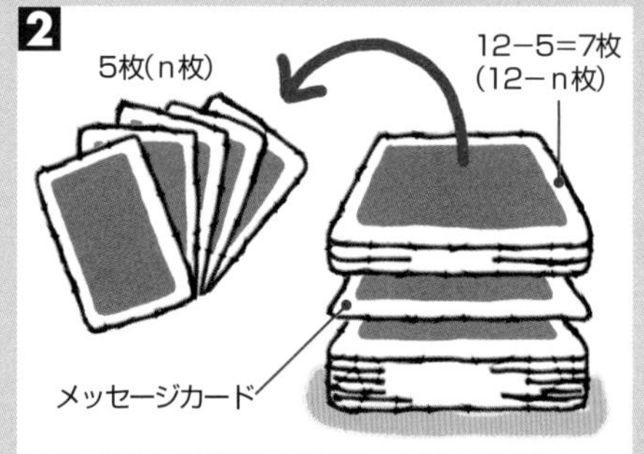

1 ジョーカーに「HAPPY BIRTHDAY(ハッピー・バースデイ)」と書いたシールを貼り、裏向きにして、伏せた一組のカードの上から13枚目に入れておく。

2 2では、たとえば相手が5月(n月)生まれなら5枚(n枚)を上から取るので、13枚目に準備したメッセージカード(ジョーカー)の上に残るカードは、12−5=7枚(12−n枚)になっている。

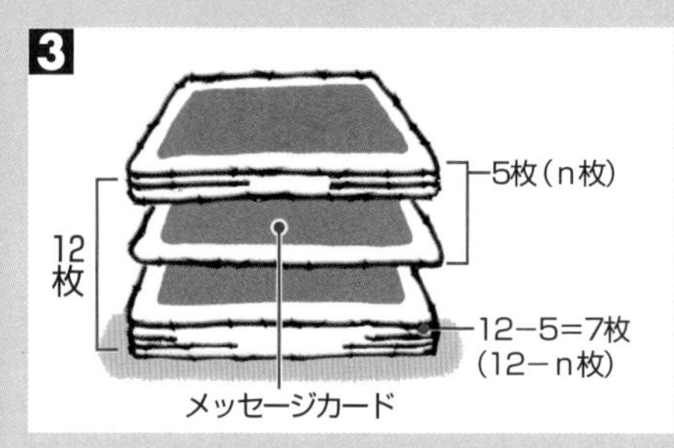

3 次に3で、上から1枚ずつ順番が変わるように重ねていって12枚取ると、先ほどの7枚(12−n枚)が下になるので、その7枚(12−n枚)の上にはジョーカーを一番下にして12−7=5枚(n枚)のカードが重なっている。つまり、メッセージカード(ジョーカー)は5枚目(n枚目)だ!

KEY POINT!
●キーポイント●

数理マジックの不思議

カードのマジックにはかんたんな数の計算(しくみ)を割り当てて、決まった枚数やかんたんな計算で目当てのカードを当てるマジックもある。数の仕組みを利用したこうした数理マジックは、特別のタネはないが、覚えてしまえば絶対成功するおもしろいマジックといえる。

Ⅲ

That's Magic Show!

マジックはエンターテインメントだ！　ここには
不思議とびっくりが詰ったいろんなマジックが満載。
まずは心ゆくまでその楽しさを味わっていただきたい！

この章で使う道具

この章ではいろんな道具を使うマジックをピックアップ。バラエティ豊かで見た目も楽しいマジックばかり。ステージマジックとして演じてみても。

燃え尽きてしまうコイン

1枚のコインを紙に包んで火を着ける――。メラメラと燃え上がる炎。
なんとコインは、あとかたもなく燃え尽きてしまった!

用意するもの
- コイン1枚(500円玉)
- 紙1枚(12×12cmくらいで燃えやすいもの)
- マッチ
- 灰皿
- ポケットのある服

LEVEL 2 すこし練習!

コイン・お札

消える!

1 DO THE MAGIC!!

ここに紙と
1枚のコインがあります

❶タネもしかけもない、普通のコインと紙であることを相手に見せる。

2

この紙でコインを
しっかりと包んでいきます

❷相手に見えるようにして、コインを紙の中心に置く。

3

❸まず、上3分の1くらいのところから、コインが隠れるように手前に折る。

4

❹次に、左右から折りたたんでいく。

❺逆側からも折りたたんで、コインを包み込む。

❻最後に下の部分を奥に折り込み、包んだコインのあとをしっかりつける。

このとおり、
キッチリと包み込みました

❼コインを包み込んだ紙を相手に示す。

❽包みを灰皿の中に入れ、マッチで火を着ける。

燃えろ！
パワーをおくります

❾紙が燃えている間、手のひらでパワーを送るようなパフォーマンスをしよう。

タ・ネ・あ・か・し

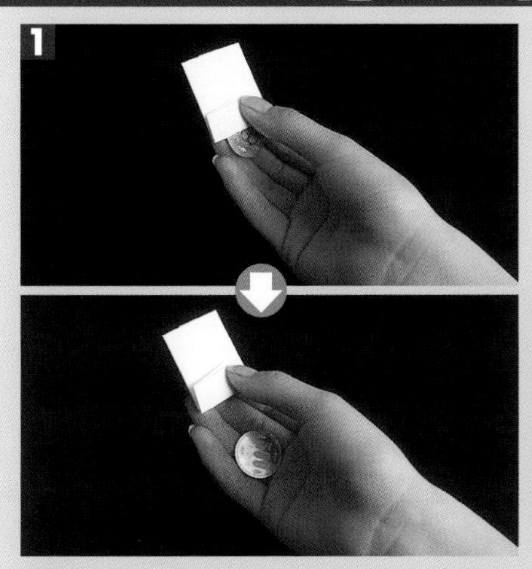

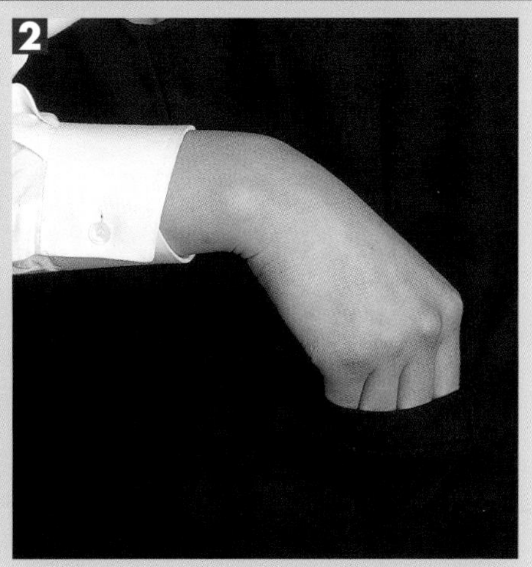

❶いままでの手順で折りたたんで最後に下の部分を奥に折ると、コインの包みは実はポケット状になっている。7の動作で相手に包みを見せるようにしながら、コインを右手の中にすべり落とし、隠し持つ。

❷折りたたんだ紙を灰皿に置き、火を着けるためにマッチを取り出すふりをして右手をポケットに。そこでコインをポケットに置いてくる。あとは、紙を燃やすだけで、コインが燃え尽きてしまったように見えるのだ。

自ら姿を現わすカード

好きなカードを1枚引いて覚えたら戻してもらう。
念力をかけてカードを広げると、なんとそのカードが自ら姿を現わした！

用意するもの ●ジョーカーを除いた1組のカード

カード

念力!

DO THE MAGIC!!

好きなカードを
１枚選んで
覚えてください

❶相手に好きなカードを１枚引いてもらい、そのカードを覚えてもらう。

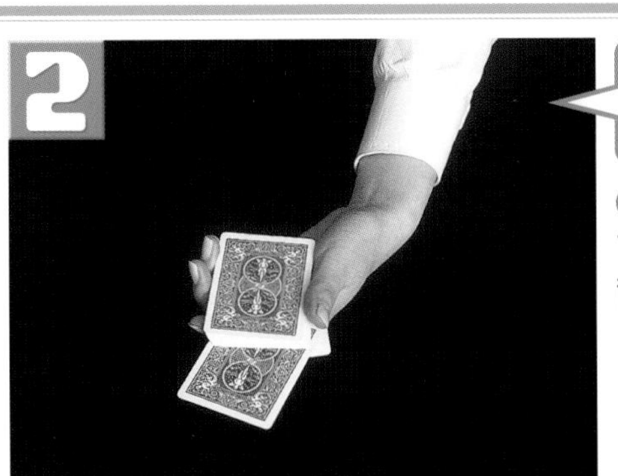

**好きなところに
カードを戻してください。**

❷覚えたカードを好きな場所に差し込んでもらう。戻してもらったら、カードを背後にまわしておまじないをかける。

❸カードを広げると、相手が選んだカードだけが、表向きになって姿を現わす。

タ・ネ・あ・か・し

1 最初にカードを引いてもらい、相手がそのカードを覚えている間に、閉じてある手元のカードの一番下の1枚だけを表向きにして重ねる。これでカードの束は表から見ても裏から見ても裏面になる。

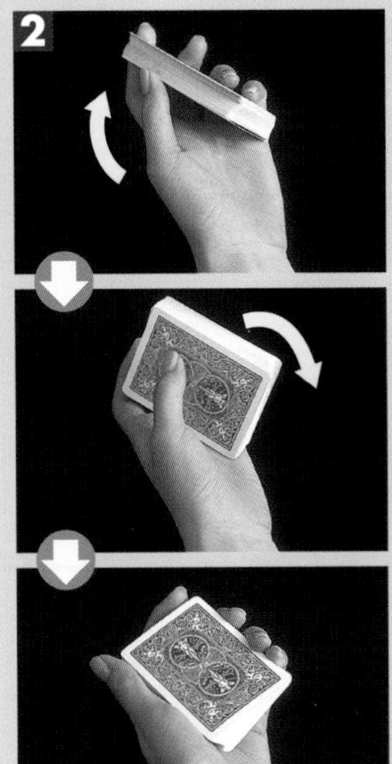

2 さらにカードの束をすばやく手の中で一回転させ、1枚だけ裏にした側を上にする。この状態で相手にカードを戻してもらう。ここがポイント。

3 カードを背後にまわし、おまじないをかけるときに再び手の中でカードを一回転させ、さらに一番下の反対向きにしてあったカードをもとに戻す。これで、相手の選んだカードだけが表向きになっている。あとはそのままカードをテーブルに広げれば…大成功!

3 すり抜けるコップ

コップの上にもう1つコップを落とす。当然重なる…と思いきや、
なんと、コップの中をもう1つのコップがすり抜けてしまった！

用意するもの ●同じコップ2個（割れないもの）

DO THE MAGIC!!

2つのコップがあります。
上のコップを
下のコップの上に落とすと…

❶2つのコップを示し、上下に少し重ねて構える。

タ・ネ・あ・か・し

❶ 右手で上のコップ(緑)を、左手で下のコップ(ピンク)を持つ。上のコップは下の方を、下のコップは上の方を持つようにしてもいい。

❷ 上のコップを離し、左手の人さし指をあてがうようにしてキャッチする。右手はそのまま下にスライドする。

❸ 2の動作と同時に、下にスライドした右手で下のコップを抜き取り(受け取り)、そのまま下げる。相手からは上のコップが下のコップの中を通り抜けたように見える!

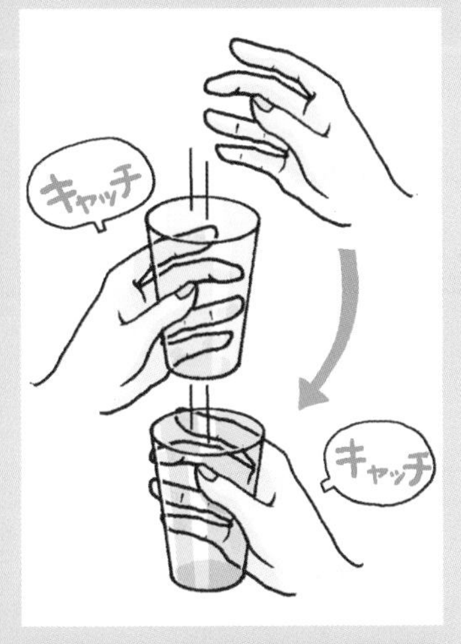

KEY POINT!
●キーポイント●

フェイクを入れよう

一瞬で演じてしまうマジックなので、相手の注意を引かないとあっという間に終わってしまう。最初に1、2回、本当にコップを落としてカチャカチャ重ね、「あれ？　やはり無理かな」とフェイクを入れてから演じるとより効果的だ。

4 ロープから逃げるリング

しっかりロープに絡まったリング。まかせてください!
こうして動かせば…ほら、外れてしまいました!!

用意するもの
LEVEL 1 かんたん!

- ●ロープ(1.5m程度。手芸用のスピンドルロープなどでOK)
- ●リング(手芸店などで手に入るものや、つぎ目のないブレスレットなどでOK)

ロープ

外れる!

DO THE MAGIC!!

うーん、
しっかり絡まってるようですが。
気合いを入れれば…

❶相手にロープの片側を持ってもらい、ピーンと張る。リングに手をやり、気合いを入れる。

タ・ネ・あ・か・し

❶ 仕掛けはリングとロープの絡ませ方にある。写真のように片側からロープを一回転絡ませたら、反対側もそれと対称になるように絡ませる。この絡ませ方を覚えよう。

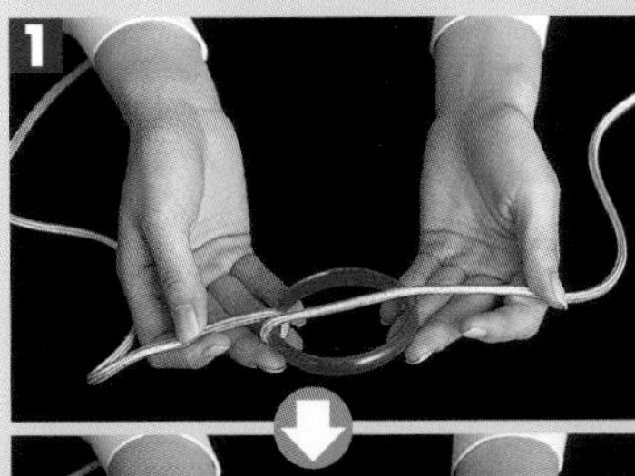

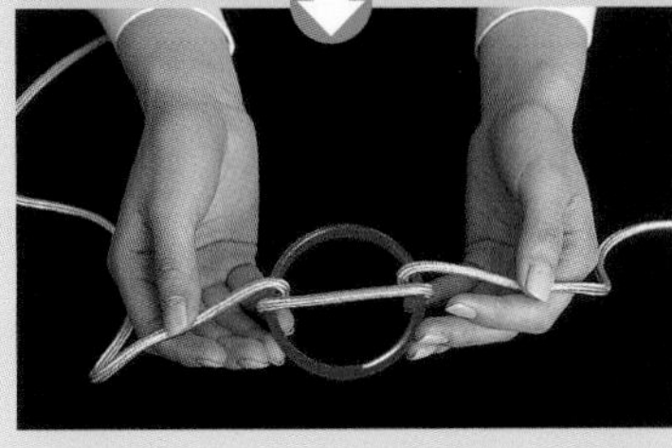

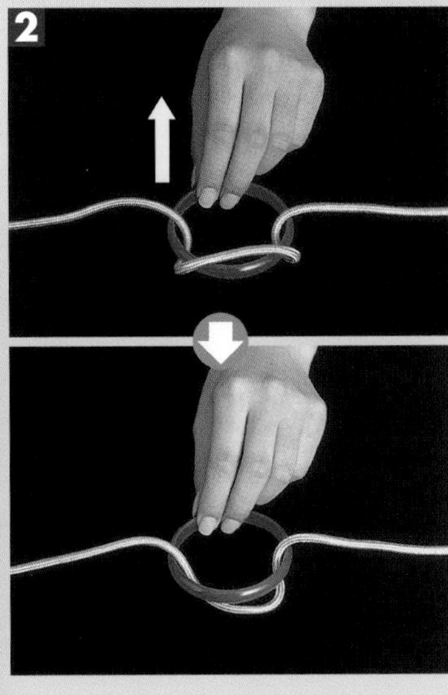

❷ ロープがピーンと張っているとわかりにくいが、この絡ませ方は、写真のような方向から引いてやると、するっと外れる。リングをロープに沿って動かすようなそぶりで、スッと一瞬で抜いてしまおう。リングの反対側を引くと逆に絡まってしまうので、方向を間違えないように注意しよう。

5 一瞬で結ばれたりほどけるスカーフ

手にかけた1枚のスカーフ。一瞬で結び目ができたり、
結び目がなくなったり…。不思議なワザをお見せしましょう!

用意するもの ●スカーフ(60×60cm程度の大きめのもの。素材はシルクなどのやわらかいものを)

LEVEL 3 しっかり練習!

バン!
結び目が
消えちゃいました!

DO THE MAGIC!!

1 一瞬で結ばれるスカーフ

1

タネもしかけもない
スカーフです。
いきますよ。ワン、ツー、スリー!

❶スカーフを手にかけて相手に見せ、かけ声とともに一振り…。

2 一瞬でほどけるスカーフ

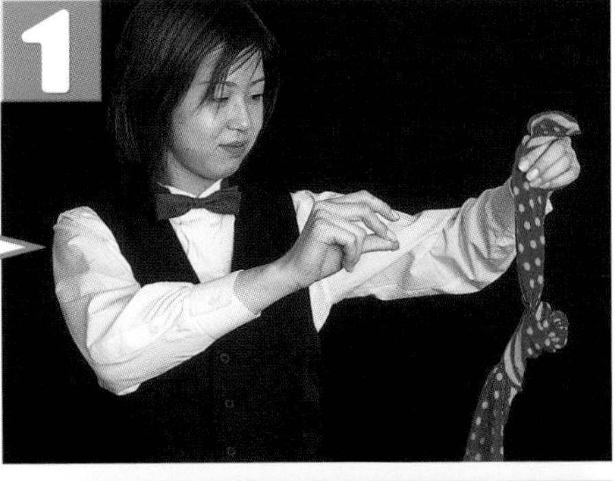

結ばれたスカーフがあります。
いきますよ。ワン、ツー、バン!

❶スカーフの中央に結び目を作り、手に持って相手に示す。それからかけ声をかける(指を鳴らす)と…。

タ・ネ・あ・か・し

1 一瞬で結ばれるスカーフ

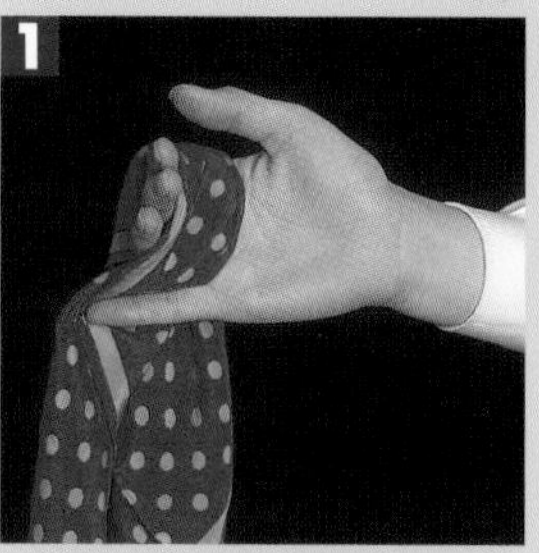

❶ スカーフを手にかけて持ち、手前に垂れ下がってる方に小指をかける。

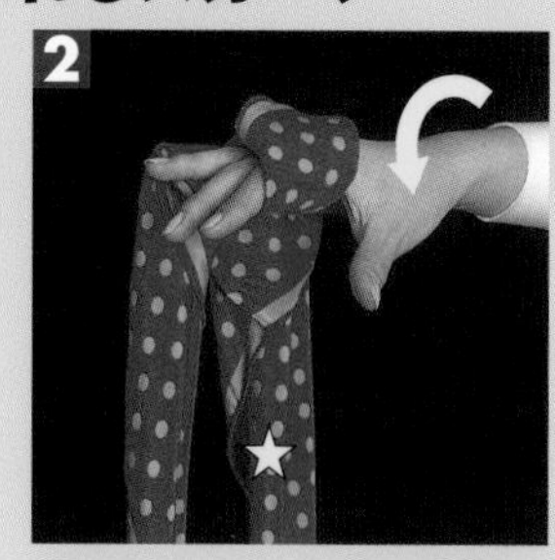

❷ 手のひらが下を向くように、そのまま手首を返す。

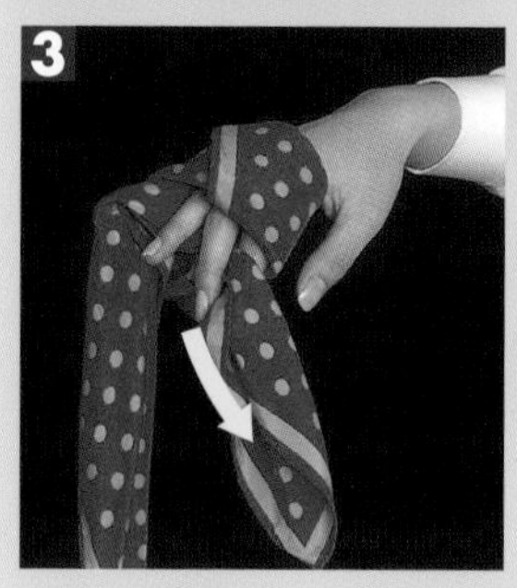

❸ 手を返しながら、その反動で手の甲側に垂れ下がっていたスカーフの端を人さし指と中指ですばやくつかむ。

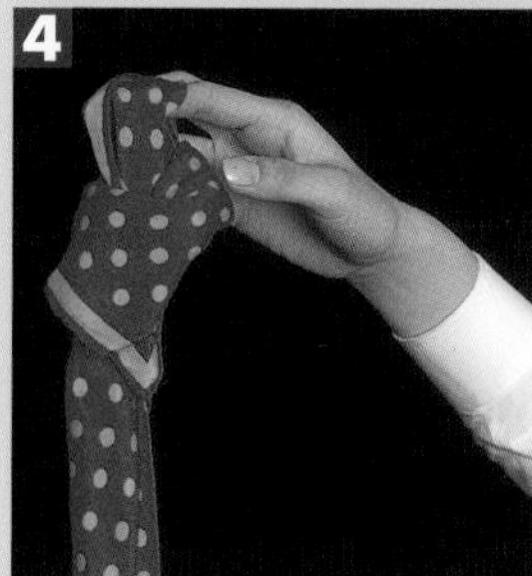

❹ 今つかんだ端以外を手から振り落とすように軽く一振りすると、手にかかった輪の中をシルクの端が通り、一瞬で結び目ができる。

KEY POINT!
●キーポイント●

ワンハンドノットをマスターしよう

ここで使っている技法をワンハンドノット（片手結び）という。手を振ってワンハンドノットをすると同時に空中に投げ上げれば、空中で結ばれたように見せることも。一瞬で結び目ができるようによく練習しよう。

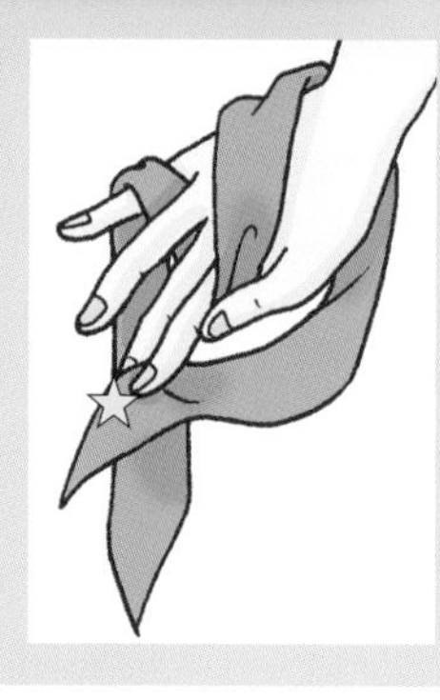

手首を返して★印のところをつかむのがポイント。

応用編　飛び移る結び目

左手に結び目のあるスカーフ、右手に結び目のないスカーフがあります

ワン、ツー、スリー！ジャーン！結び目が飛び移っちゃいました！

2つのマジックを応用して1度にやればこんなマジックに。左手のスカーフはフォールスノットにしておき、ワン、ツー、スリーで両方のシルクを振って、右手のスカーフはワンハンドノットを。左のスカーフからは結び目が消え、右のスカーフに結び目が現れるので、結び目が飛び移ったように見える。

2 一瞬でほどけるスカーフ

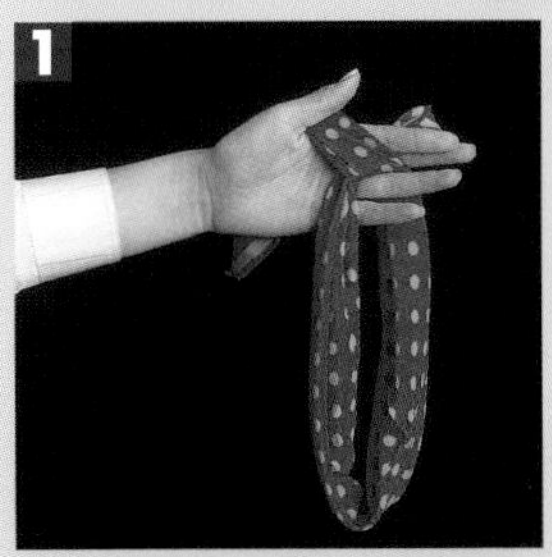

❶ スカーフに一瞬でほどけるうその結び目を作る。まず、左手の人さし指と中指で片端をはさんで持ち、もう片端を輪になるようにして中指と薬指の間を通して親指のところへ持っていく。

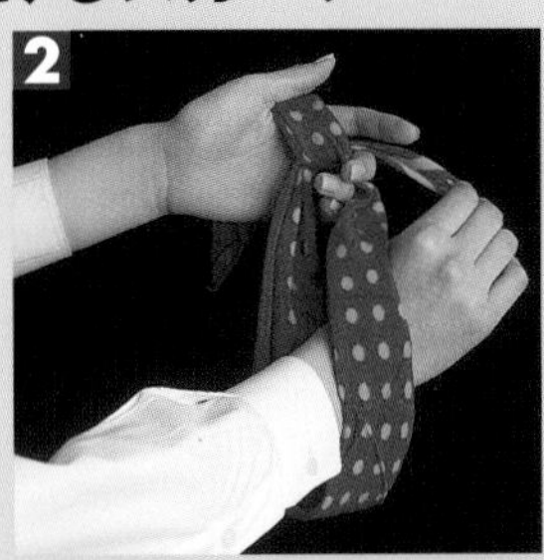

❷ 輪の中に手前から右手を通し、中指の向こう側に垂れたスカーフの端をつかむ。

❸ ②でつかんだ端を輪から手前に引き出すと同時に、左手の中指と薬指ではさんでいるところを輪の向こう側に出す(イラスト参照)。

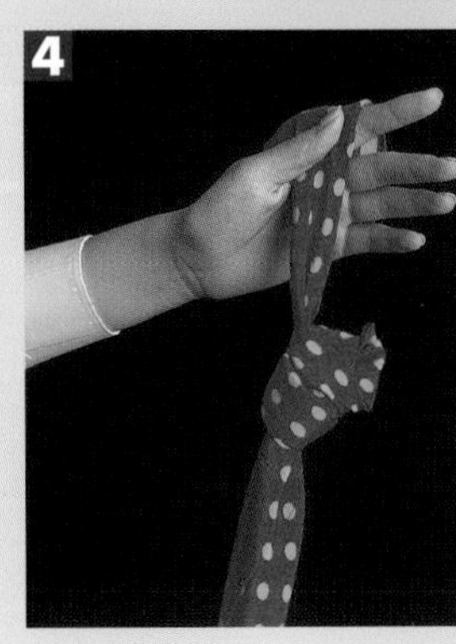

❹ そのまま右手で端を引っ張ってやると輪がしまっていくので、適当なところで左手薬指を抜くと、うその結び目が完成。結び目は左手の端を持って振ると一瞬でほどける。

スカーフは最初左手の人さし指と中指ではさんで持つ。手ではさんでる端をA、さがっている端をBとする。

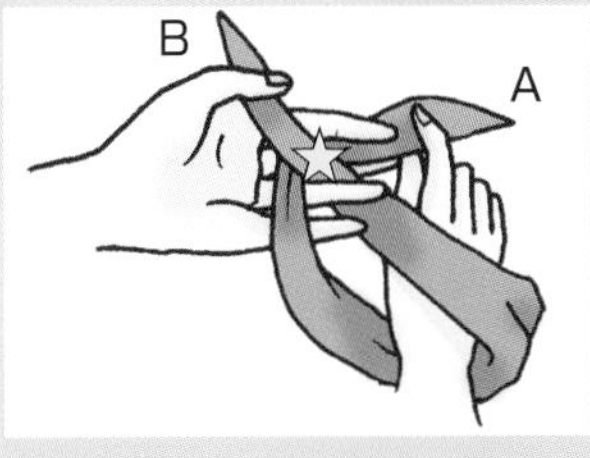

写真の3のところでは、図の★印のところを中指と薬指ではさんで、手首を返すようにして輪の向こう側に出す。ここがポイント。

KEY POINT!
●キーポイント●

フォールスノットをマスターしよう

この結び方はフォールスノット(ウソの結び目)と呼ばれて、いろんなマジックに応用できる基本技法の一つ。両端を持って引っ張るか、左手の端を振るだけで結び目を消すことができる。結び目を作るときは、相手に対して少し左向きになって、スカーフに引っかけた薬指の動きが見えないようにしよう。

名刺のメッセージが予言する

名刺に予言を書き込んで、好きなところに差し込んでもらう。
すると…、名刺が現れた場所は予言通りだった!

用意するもの ●カード ●名刺 ●筆記用具

かんたん!

カード

予言!

DO THE MAGIC!!

名刺を1枚いただけますか?
はい。では裏に
予言を書いておきましょう

❶相手から名刺を1枚もらい、裏にメッセージ(予言)を書く。

では、この名刺を好きなところに差し込んでください

❷予言を伏せたまま名刺を相手に返し、広げたカードの好きなところに差し込んでもらう。

念のために確認します。あなたの名刺ですね

❸差し込まれた名刺のところでカードを分け、左手の親指で名刺を押さえて持ち、相手に示す。

4

裏側はどうでしょう？

❹右手にカードの束を持ったまま、手首を返して左手の束の上にある名刺を取りに行く（右手のカードのトップと名刺の表側をつける）。

ちゃんと予言も書いてあるようですね

❺右手でそのまま（カードの束ごと）名刺を裏返して見せ、その上に再び左手のカードを重ねる。

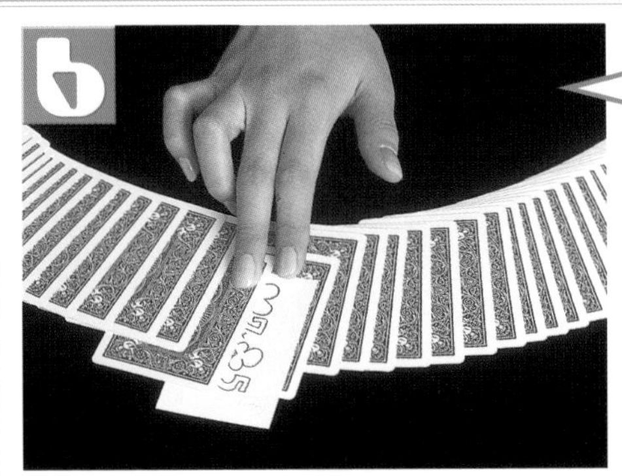

さて、名刺の差し込まれた場所を確認してみましょう

❻カードを裏返しのままテーブルの上に広げ、名刺と名刺をはさんだ2枚のカードをピックアップする。

❼名刺の両脇のカードを開くと、カードの種類は名刺に書かれた予言どおりだ。

タ・ネ・あ・か・し

1 最初にカードを表向きに広げて「カードはよく切れてます」と言いながら相手に見せるといい。そのとき、広げたカードの一番始めと終わり(一番下と上)のカードを覚えて、カードを閉じる(ここでは♣の5と♥の7)。名刺の裏には「この2つのカード(♣の5と♥の7)の間に名刺ははさまれる」と予言を書く。

2 ④で、右手を返して左手の上のカードを取りに行ったときは、下から見るとこうなっている。これで右手の一番上にあるカード(♥の7)の裏側と名刺の表側がくっつくことに。

●次に右手を再び返して名刺を裏返し(⑤)、その名刺の上に左手のカードの束を乗せる(下から見たところ)。左手のカードの一番下は♣の5、これが名刺の上に乗ることになる。

●右手と左手のカードの束を重ねたところ。これで名刺は、♥の7と♣の5にはさまれていることになる。あとは、テーブルにカードを広げ、名刺の両脇のカードを裏返せば完了!

元どおりになるロープ

両端を結んで輪にしたロープ。2つの輪を重ねてハサミで
ジョキンと切っても…大丈夫、フッと気合いを入れれば元どおり!

用意するもの ●ロープ1本
（2m程度。手芸用のスピンドルロープなどでOK）
●ハサミ

LEVEL 1 かんたん!

ロープ

元どおり!

DO THE MAGIC!!

1

両端を結んで輪にした
1本のロープがあります

❶ロープの両端を結んでそれぞれ輪をつくり、相手に見せる。

輪と輪とを合わせて…

❷両端の輪と輪を重ね合わせる。

ハサミで切っちゃいます

❸重ねた2つの輪をハサミで切ってしまう。

ご覧のように切れちゃいました。
でも大丈夫。気合いを入れれば…
ワン・ツー・スリー！

❹切れたロープの両端を持って、相手に広げて見せる。

❺かけ声とともにロープを左右に勢いよく引くと、ロープは1本に。

タ・ネ・あ・か・し

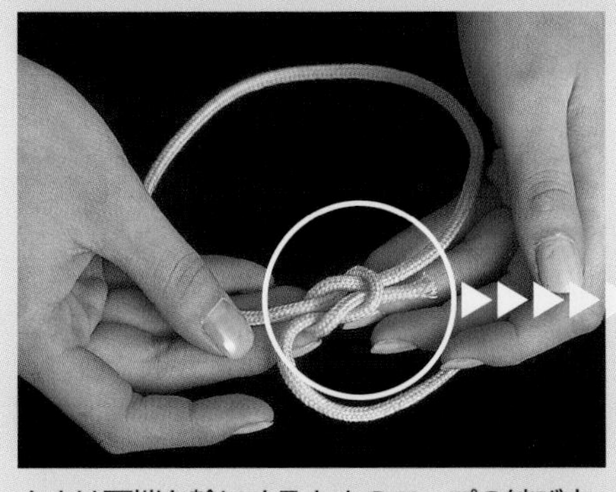

タネは両端を輪にするときのロープの結び方。写真のような結び方(横結び)にする。これで写真の向かって右側を切れば、実は切れているのはロープの端の数cmだけ。

切る場所を間違えないように注意。切る場所は結び目の図の側(端が飛び出してる側)。反対側を切るとロープはバラバラになる。

横結びの仕方

ロープを両手に持ち、まず図のように交差させる。

右手に持った端を向こう側からクルンと下のロープにまわして図のような形に。

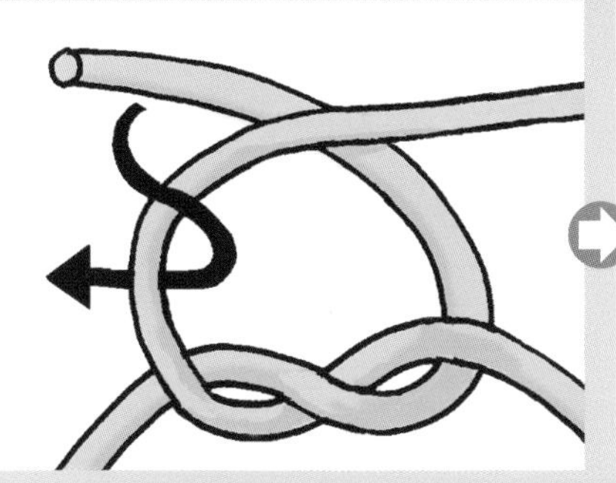

図のように、今度は左の端が上になるようにロープを交差して。

矢印のように輪に通して結べば、横結びができあがる。

ザクザク出てくるコイン

ごくふつうの1枚のハンカチ。でもこのハンカチを
両手にかぶせれば、中からコインがザックザク出てくる!

用意するもの ●**コイン8枚ほど**
●**ハンカチ1枚(大きめなもの)**

DO THE MAGIC!!

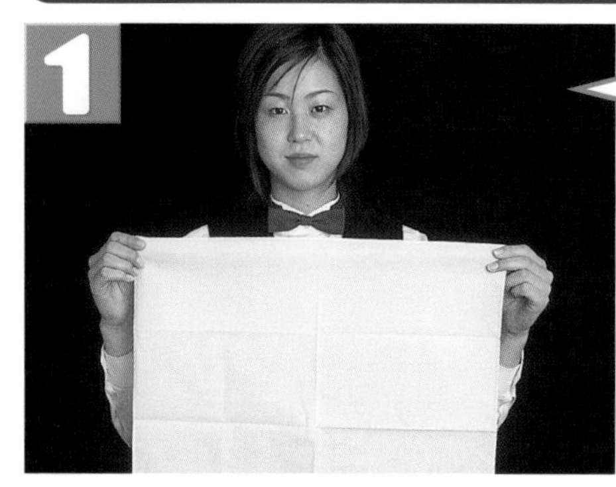

タネも仕掛けもない
ふつうのハンカチです

❶相手にハンカチを見せ、タネも仕掛けもないことを示す。

ご覧のとおり
表も裏もなにもありません

❷ハンカチを裏返して、表裏両方見せる。

このハンカチを
左手にかけます

❸ハンカチを左の手にかぶせる。

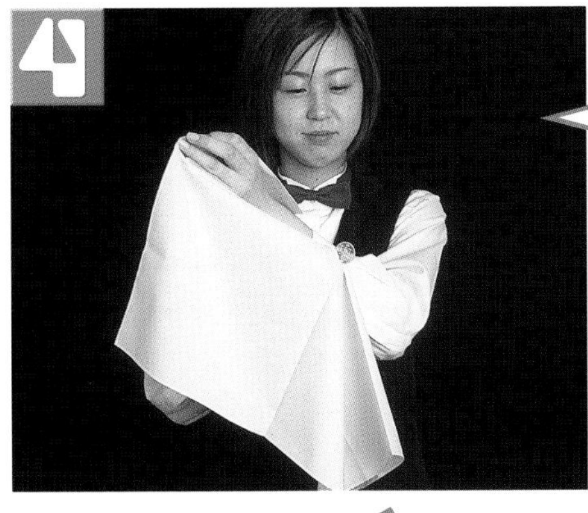

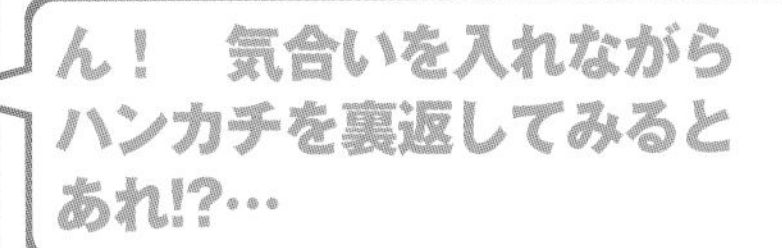

❹右手でハンカチの頭（かぶせた先っぽ）を持って、左手でハンカチをめくってみると…。

このコインは
コップの中にしまって…

❻出てきたコインはコップの中に入れる。

右手にかかっているハンカチを
もう一度裏返してみましょう

❼今度は、右手にかかったハンカチの頭を持ち…。

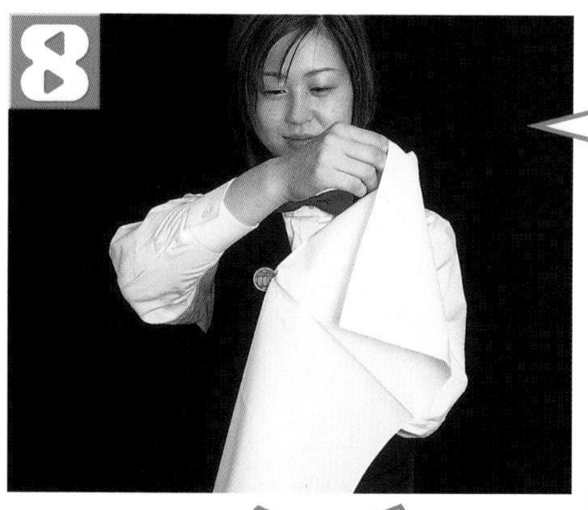

あれれ!?

❽左手でハンカチのすそを持ち、裏返す。

❾同じようにさらに続けて、全部で8枚のコインを出してしまう。

タ・ネ・あ・か・し

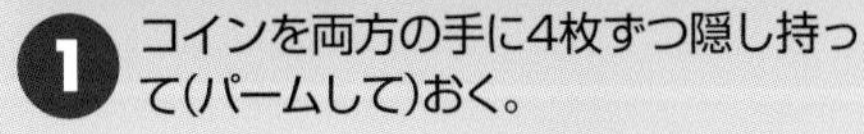

1 コインを両方の手に4枚ずつ隠し持って(パームして)おく。

2 ハンカチを広げて表裏を見せるときはこのようにして持つ。右手も同様だ。

ハンカチを左手にかぶせたところ。ハンカチの中で、手にはコインがパームされている。

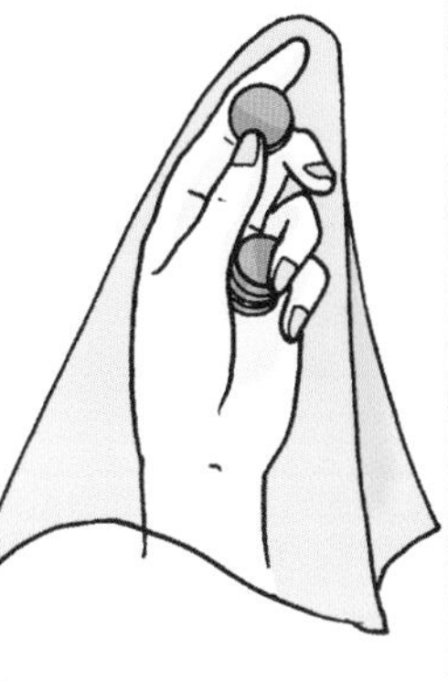

ハンカチの中で手の中に握ったコインを1枚、親指でニュッと上に押し出す(写真は手の動き・以下同)。コインがこすれて音が出ないように注意。

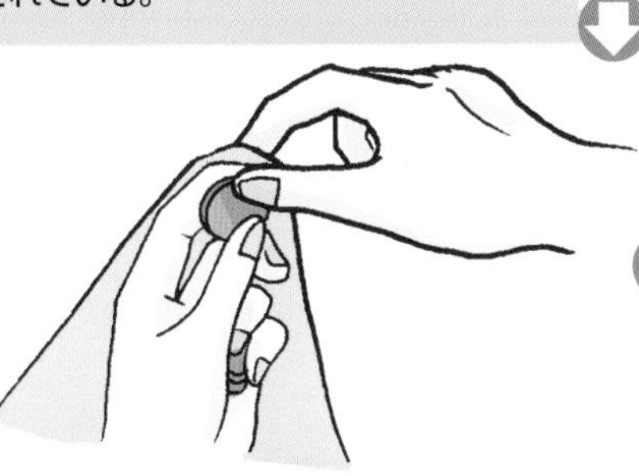

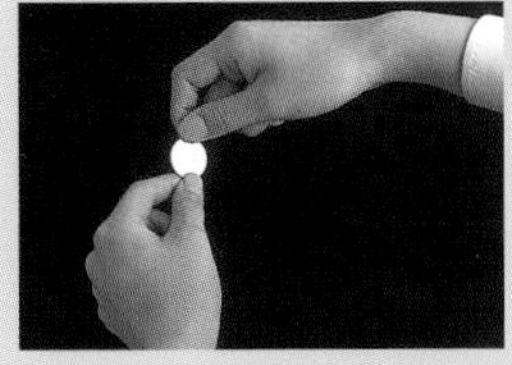

ハンカチをつまむようにして、押し上げたコインをハンカチ越しに右手でつかむ。

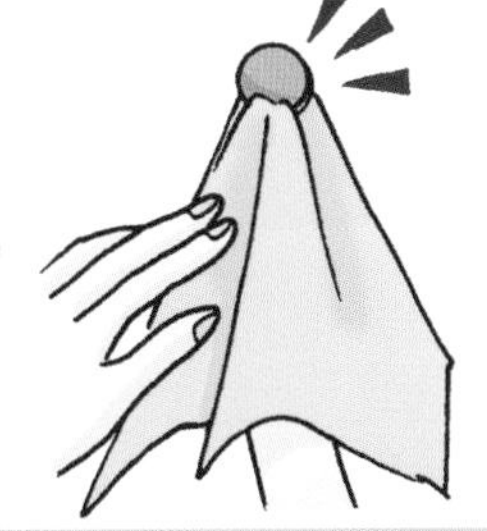

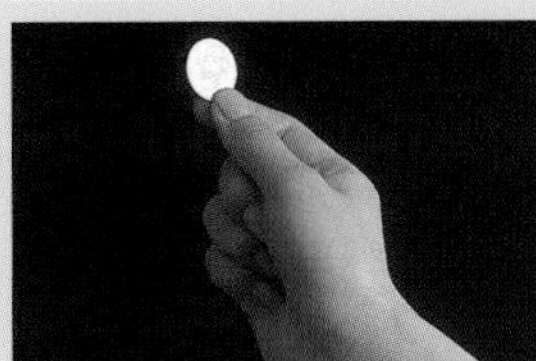

ハンカチを裏返して、右手を立てれば、ハンカチの中からコインが出現する！出現したコインはコップに入れて、以下同じ要領で手の中に隠したコインがなくなるまで繰り返せば、コインがザクザク出現することに。

9 一瞬で合体するクリップ

お札を止めた2つのクリップ。お札を左右に引っ張ると、
クリップはピョンと弾け飛んで、あれ？　合体している!

用意するもの　●お札1枚
●クリップ2個

2つのクリップを一瞬で仲よくつなげちゃいましょう!

DO THE MAGIC!!

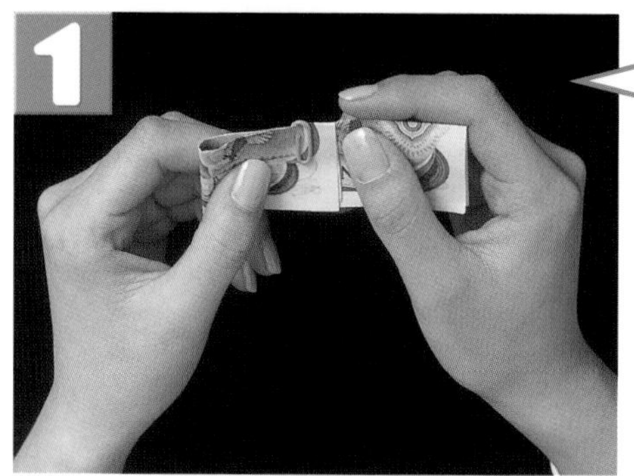

縦に二つ折りにしたお札をこうして折って、まず、1つのクリップでとめます

❶縦に二つ折りにしたお札の左1/3くらいを手前に折り、写真のようにクリップでとめる。

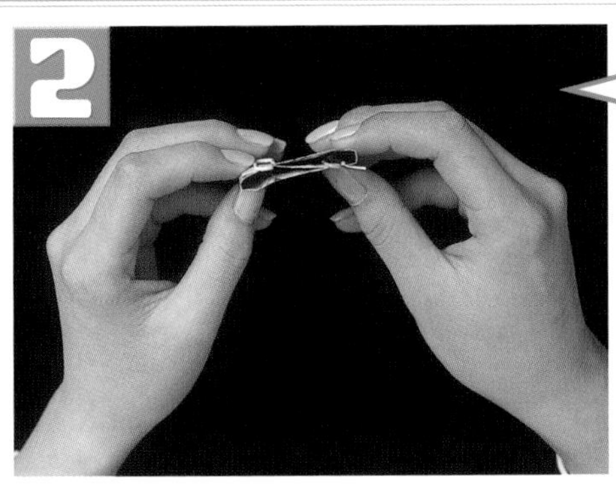

次に、お札の右側1/3を外側に折って、もう1つのクリップもとめます

❷お札の右側1/3を今度は外側に折り、その先端と3つ折になったお札の真ん中をもう1つのクリップでとめる。

さあ、いきますよ！

❸お札の両端を両手で持って、左右に広げるように勢いよくピンと引っ張る。

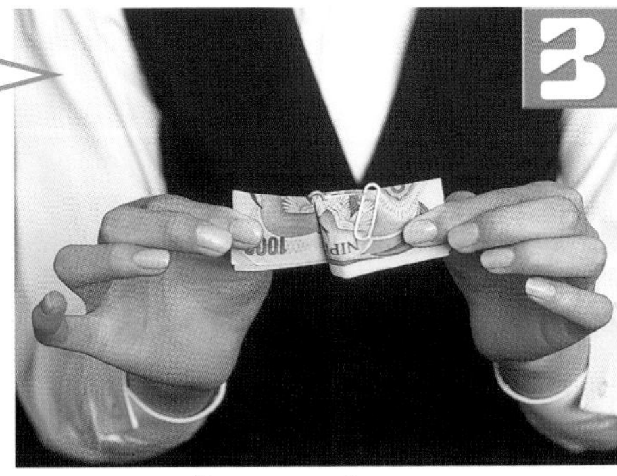

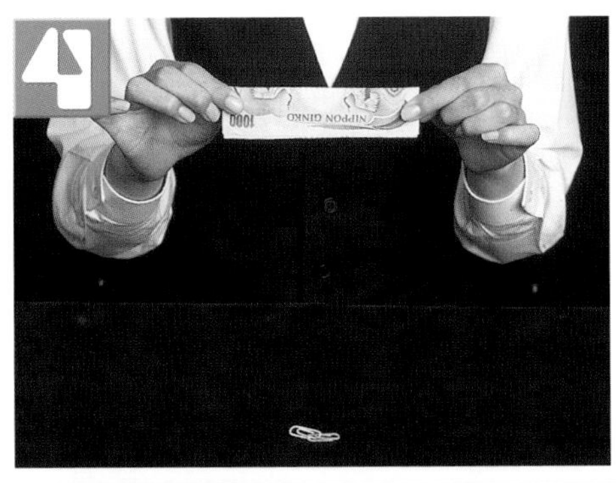

❹クリップは空中にジャンプ。見てみるとつながっている。

タ・ネ・あ・か・し

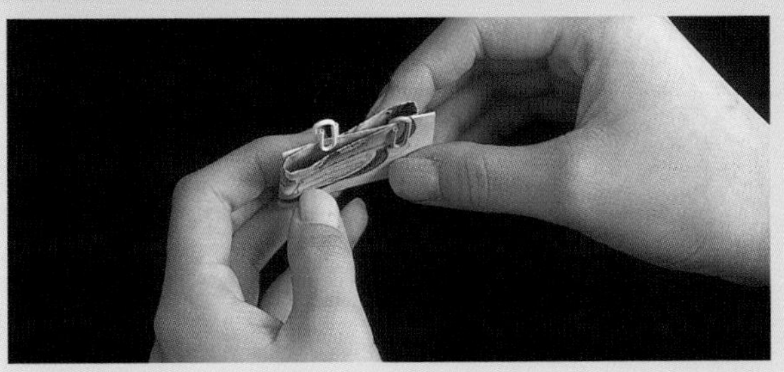

特別な仕掛けはなく、折り方ととめ方を間違えなければ誰がやってもできる。とめ方は写真のとおりだ。紙を左右にゆっくり引いてみるとクリップが接触してかみ合う様子がわかるはず。ただし、演じるときは勢いよく、一気にやろう。

10 底抜けのコップ

伏せた紙コップの底に乗せたスポンジ片。ところがコップを重ねて
おまじないをすると、次々にすり抜けてテーブルの上に!?

用意するもの
- **紙コップ3個**
- **1cm角くらいのスポンジ4片**

※スポンジ片は台所用スポンジなどを切って作ってもOK。
4つとも同じものにすることが大切

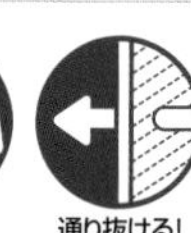

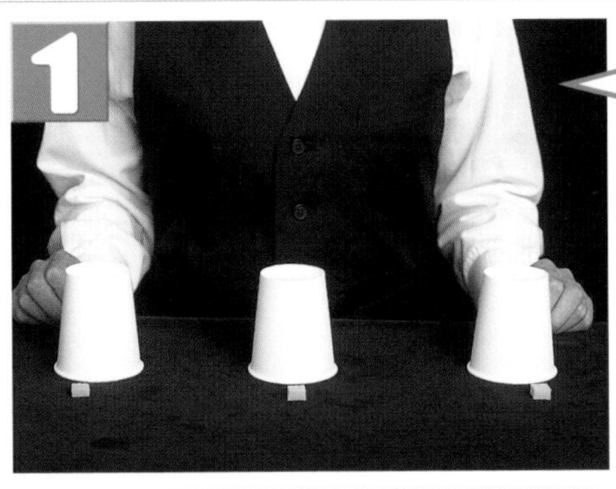

コップとスポンジを
ご覧のように並べて置きます

❶3つの紙コップを伏せて並べ、その前に1つずつスポンジを並べて置く。

まず、真ん中のスポンジを
コップの底の上に
置いてみましょう

❷真ん中のコップの底の上に、コップの手前にあるスポンジを乗せる。

それから、この上に
左右のコップを重ねちゃって…

❸2の上に、左右のコップを重ねる。

コップの底に向けて
おまじないを。ぱちっ！

❹コップの底に向けておまじないをかける（指を鳴らす）。

やった!
スポンジが底を
通り抜けて
います!

❺コップを開けると、さっき上に乗せたスポンジが通り抜けている。

うーん、続けて
2つ目にもチャレンジ
しちゃいましょう

❻改めてコップを最初の位置に並べ直す(真ん中のコップの下には出てきたスポンジ)。

次は右側のスポンジを
最初と同じように上に乗せます

❷次に右側のスポンジを取って、先ほどと同様に真ん中のコップの底の上に乗せる。

再び左右のコップを
重ねて、コップの底に
おまじないをかけると…

❽再度左右のコップをスポンジが置かれた真ん中のコップの上に重ね、おまじないをかける。

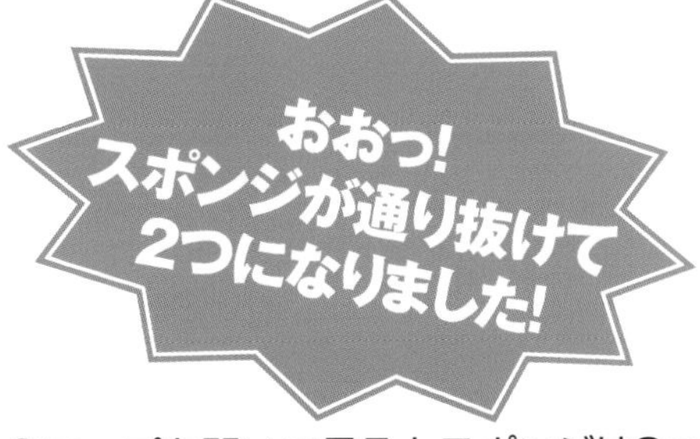

❾コップを開いて見るとスポンジは2つに。

さあ、残りの1つにも
もちろん挑戦します！

❿改めてコップを並べ、残ったスポンジを再び真ん中のコップの底の上に乗せる。

さらに
左右のコップを重ねて
おまじないをかけると…

⓫コップを3つ今までと同じように重ねて、おまじないをかける。

やったあ!
ついに3つとも
スポンジはコップの底を
通り抜けちゃいました!

タ・ネ・あ・か・し

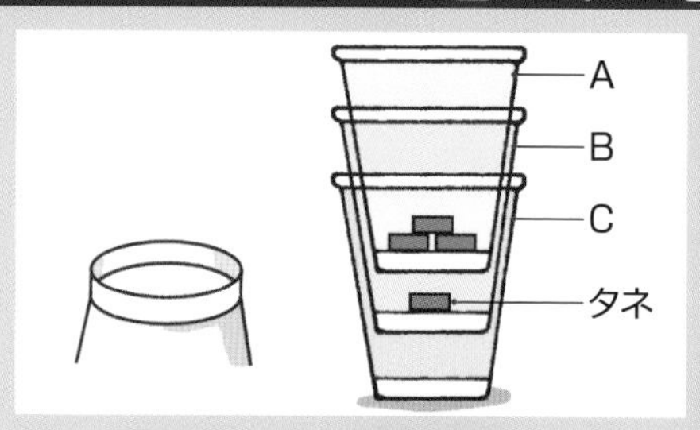

紙コップは3つ、スポンジは4つ用意しておく。3つのコップを重ねて、Aのコップの中に3つのスポンジを、真ん中のBのコップの中にタネとなるスポンジを1つ隠しておく（コップの底は上げ底が好ましい）。これで準備完了。

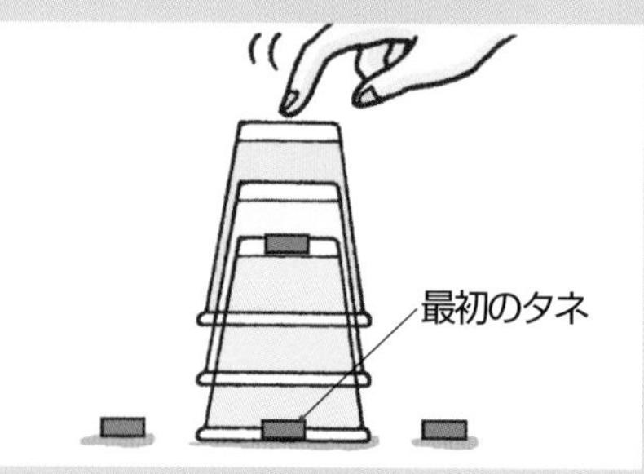

最初に真ん中のコップに左右のコップを重ねたときを透視して見るとこうなっている。最初のタネがテーブルの上に、1回目に底に乗せたスポンジは、真ん中のコップの中に。

コップを開いてスポンジが底を通り抜けたように見せたら、持ち上げた紙コップは上向きにして左手で持つ。図のように新たにタネが仕込まれた状態。次のマジックは、右手で紙コップを下から順に引き離して伏せていく。あとは同じようにくり返していけばOKだ。

1 コップを並べるようすを上から見たところ。重なった3つの紙コップから、まず一番下のコップを取って右に伏せる。

2 下から2番目のコップを取り出すと、コップの中にタネのスポンジが仕込まれている。こぼれ落ちないように注意しながら、そのまま真ん中に伏せ、最後に左手の残ったコップを左に伏せる。

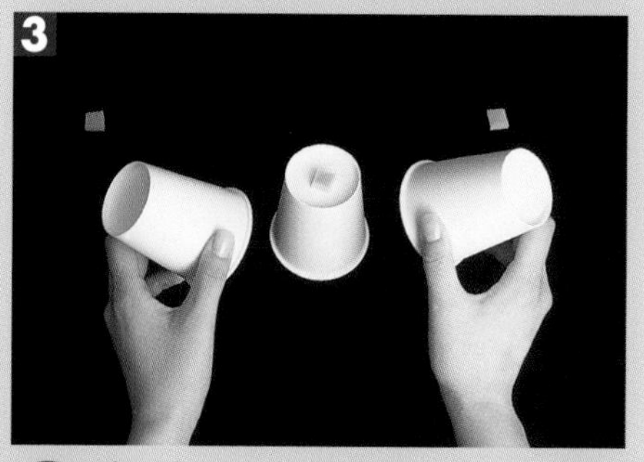

3 真ん中のコップの上にスポンジを置いて、左右のコップを重ねるところ。真ん中のコップの中(下)には、すでに先ほどのタネのスポンジが入っている。

Ⅳ

変幻自在のロープマジック

結ばれたり、ほどけたり、外れたり。切れたはずのロープが復活したり…。ロープ1本を変幻自在にあやつって観客を不思議ワールドに連れ込むマジックが大集合。

この章で使う道具

ロープは、手芸店などで購入できる綿のロープ（直径5～7mmくらい）でOK。扱いやすいものを、マジックに応じた長さにカットして使おう。

素早く結ばれるロープ

手に持った1本のロープ。これを垂らしたり、つまんだり…。
おっと、いったいいつの間に？　結び目ができてしまった！

用意するもの ●ロープ（1m程度）

LEVEL 1 かんたん!

DO THE MAGIC!!

さあ、
ここに1本の
ロープがあります

❶ロープの片端を右手で持ち、相手に見せる。

こうして、
垂れ下がっているロープを
つまんだり、
離したりしてみましょうか

❷垂れ下がっているロープを左手で持ち上げ、右手でつまんだり、離したりする。

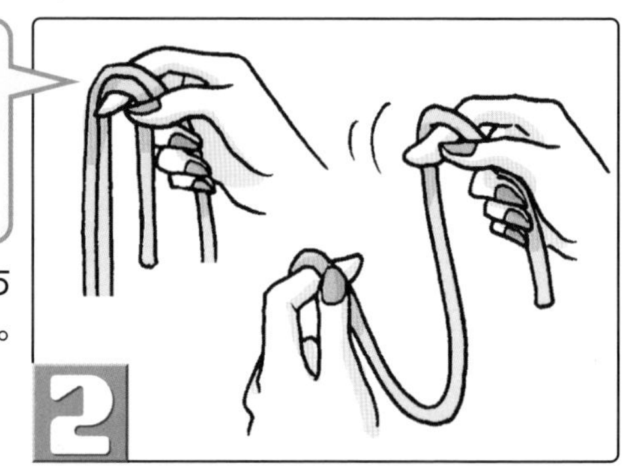

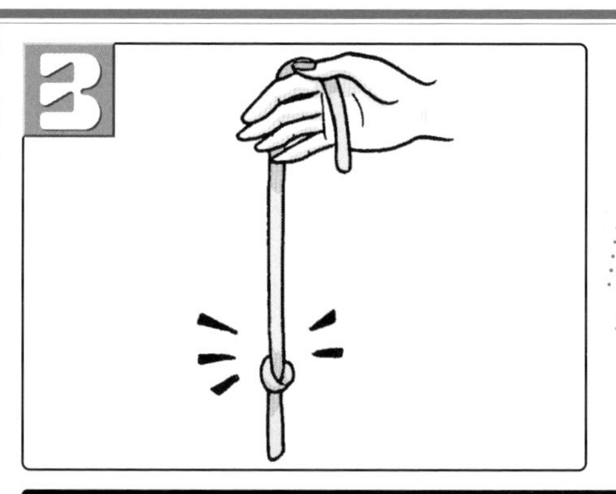

タ・ネ・あ・か・し

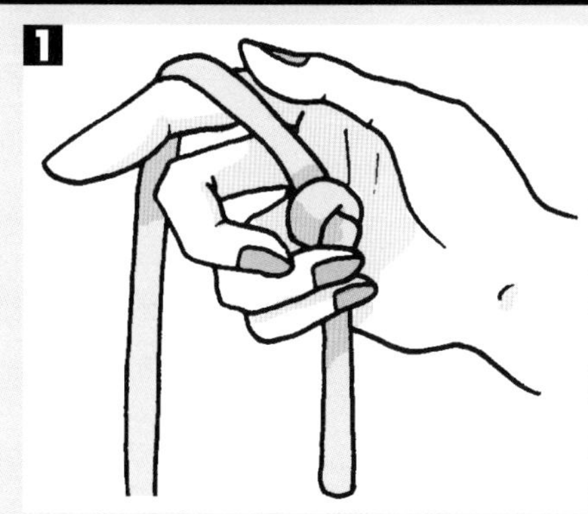

❶ あらかじめロープの片端には結び目を作っておき、相手に見えないように右手に隠しておく。

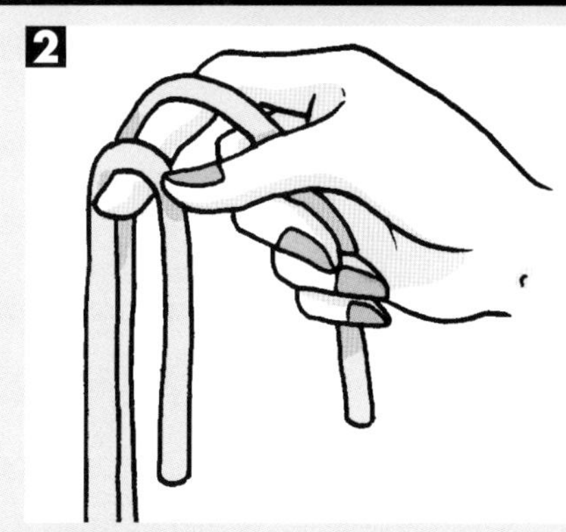

❷ 左手で持ち上げたロープを右手でつまみ、まずは結び目のないほうのロープを離す。ロープの結び目は奥（手の中）にある。この動作を数回繰り返す。

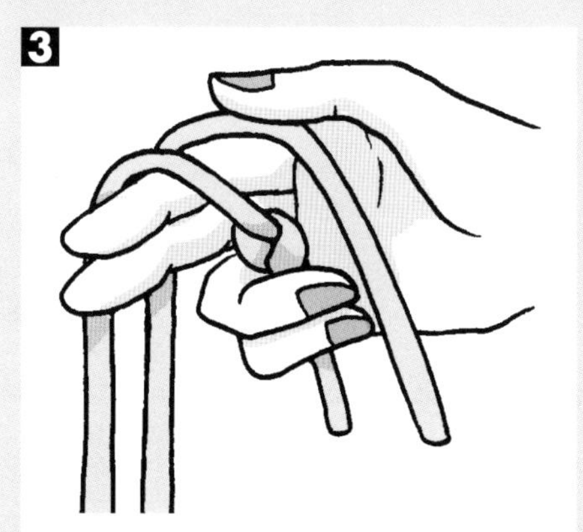

❸ 次に、垂れ下がったロープを右手に手渡すときに、結び目のない端を奥に、結び目のある部分を手前にくるように持つ。

❹ 右手を軽く上下に振り、結び目のあるほうを離し、垂れ下げる。相手には、垂れ下げているだけで、結び目ができたように見える。

棒からロープをイッキ抜き

棒に引っかけられた状態のロープ。これを手前に勢いよく引っ張ったら？
「ワン・ツー・スリー」…なんと、ロープが棒をすり抜けてしまった！

●ロープ（70cm程度）
●棒（30～50cm程度）

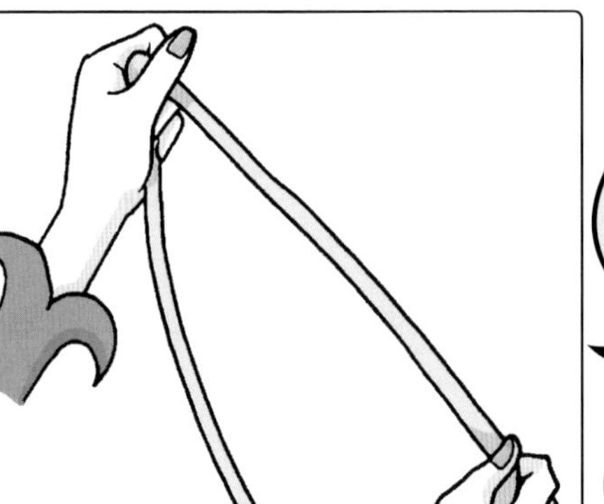

DO THE MAGIC!!

輪にしたロープが1本あります
ふつうのロープです

❶両端を結んで輪にしたロープを相手に見せる。

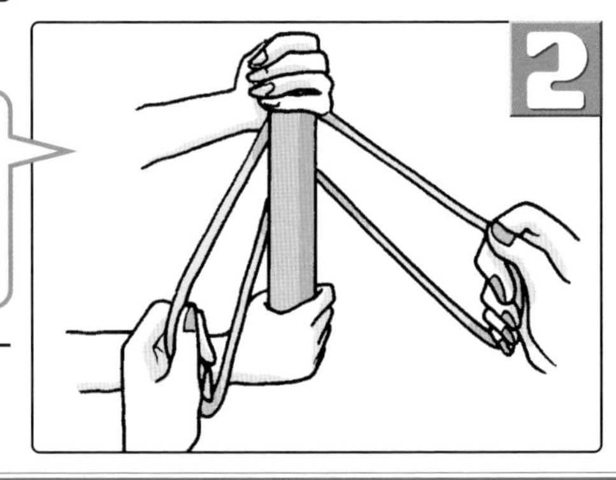

ロープを棒の後ろに通して…
いいですか？
手前に強く引きますよ。
しっかり棒を持っていてください

❷相手に棒の上下を持ってもらい、ロープを棒の後ろに通して、引っかける。

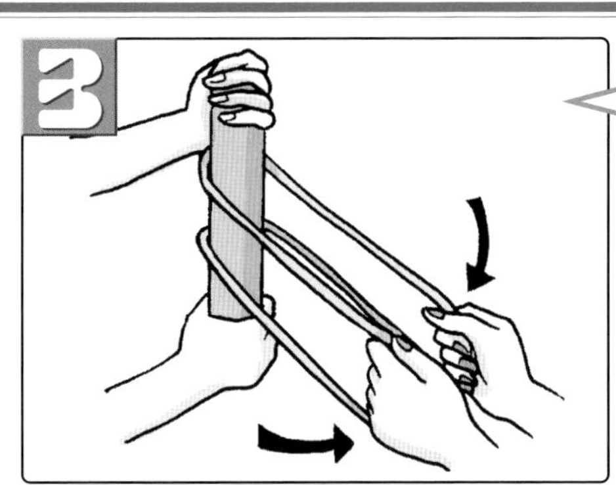

さあ、いきます！
ワン、ツー…！

❸かけ声を掛けながら、ロープを握った両手を数回手前で閉じるように近づける。

…スリー!! あれれ!
ロープが棒をすり抜けて
しまいました!

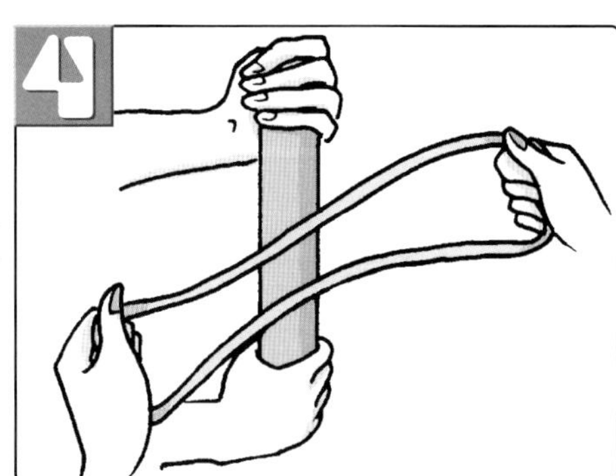

タ・ネ・あ・か・し

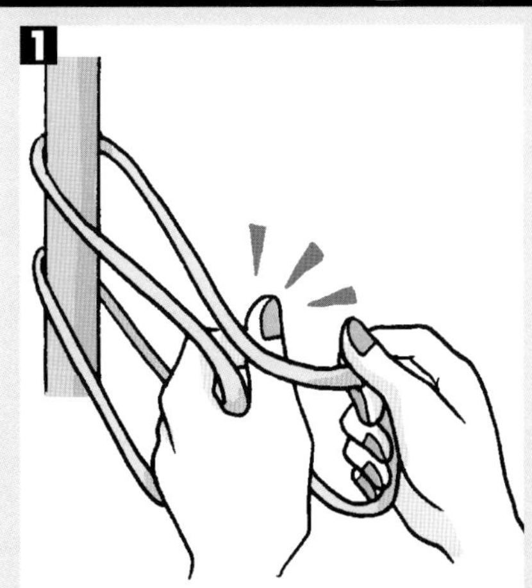

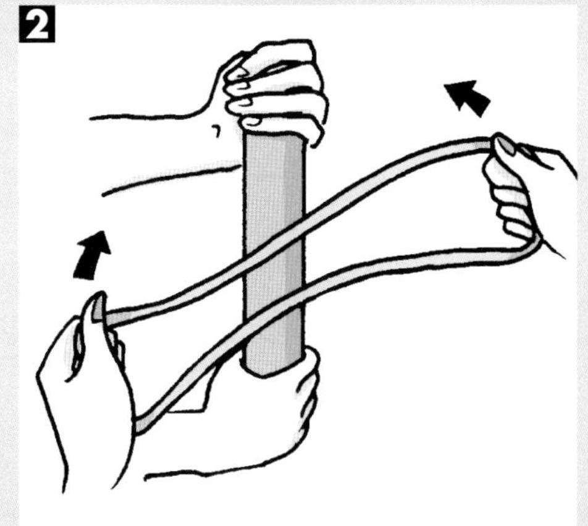

❶ ロープを握る左手の親指を自由に動かせるようにしておき、「ワン・ツー・スリー」のかけ声で両手を近づけたときに、その親指で右手の上側のロープをすくい上げ、引っかける。

❷ 再度両手を広げるときに、左手はロープをすくい上げた親指以外の指をロープから離し、左右に広げるとロープは棒の手前に移動する。同時に手前に来たロープを棒のほうへ押しつけると、まさに瞬時に通り抜けたように見える。

離れ離れになる二人

それぞれに両手首を結んだロープとロープが交差して、
離れられない2人。いえいえ、あっという間に離れてみせましょう!

用意するもの ●1m程度のロープ2本

LEVEL 2 すこし練習!

ロープ　外れる!

1 ❶相手の両手首をロープで結び、そのロープに交差させたもう1本のロープで、自分の両手首もしばってしまう。

ハイ、このとおり！
離れ離れになっちゃいました！

❷ロープをちょいちょいとあやつる。どちらも両手首はロープにしばられたまま離れ離れに。

タ・ネ・あ・か・し

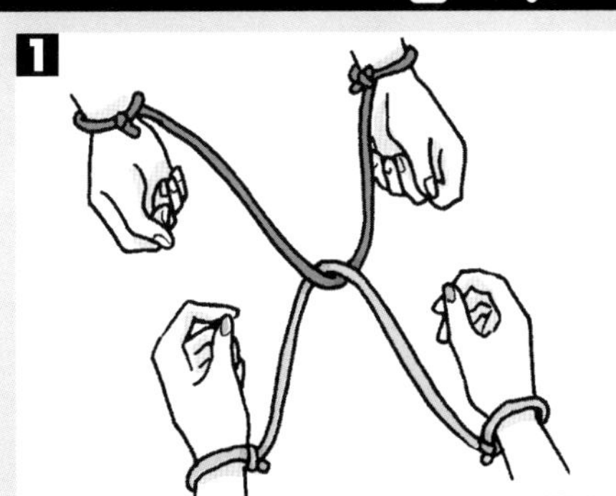

1 まずロープが交差しているところを見て、相手のロープが自分のロープに対して、右か左のどちらが下になっているかを確認する。※ここでは右が下になっている。

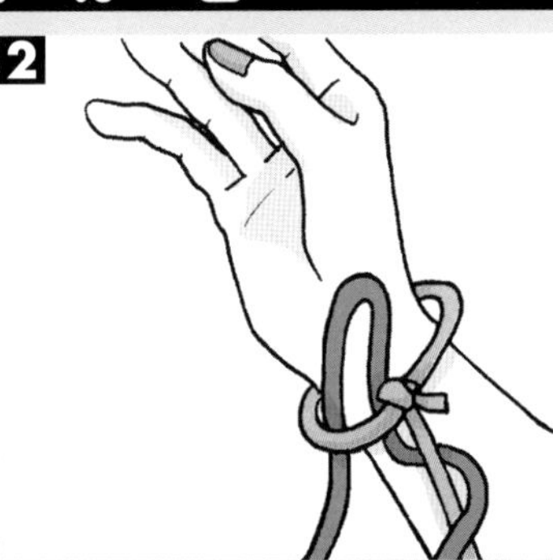

2 下になっている右のロープをつまみ、同じ側＝自分の右手首のロープの輪の下側から通していく。（左が下の場合は、自分の左手首で）

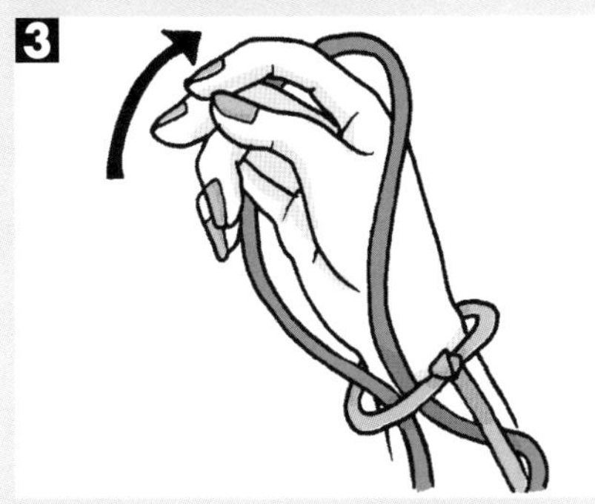

3 手首の輪を通したロープを広げると輪っかになっているので、それに手首をくぐらせる。

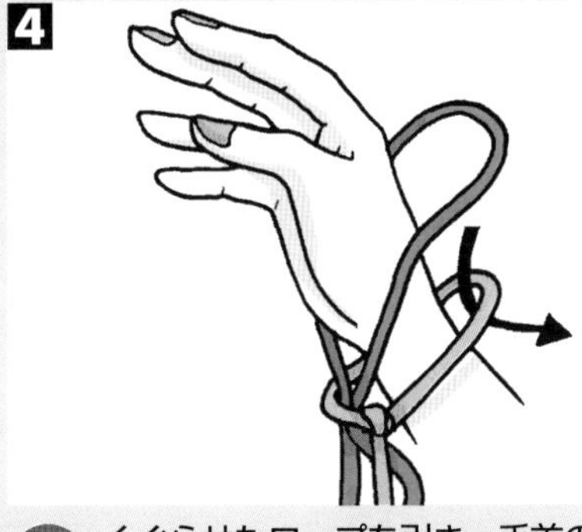

4 くぐらせたロープを引き、手首の輪の上側もくぐり抜けさせる。

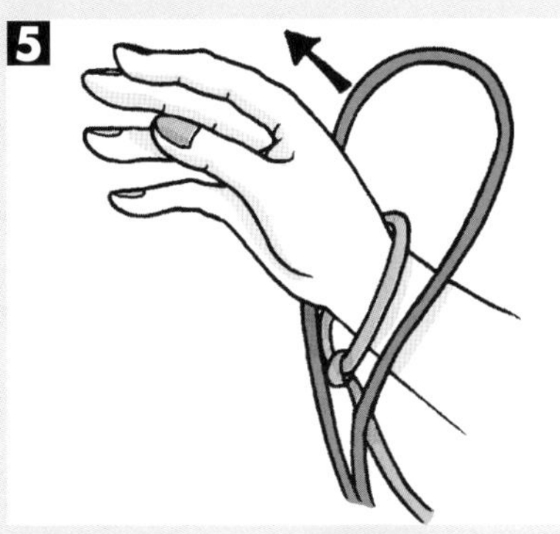

5 手首にかかっただけになったロープを引いてあげれば、離れ離れに！

KEY POINT!
●キーポイント●

交差したところをしっかり確認！

一連の動作をすばやく行うことがポイント。いかにも簡単そうで、不思議に見える。ただし、交差したところをしっかり確認することが大事なので間違わないように。すばやくやってみせて、次に相手に挑戦してもらってもおもしろい。

手を離さずにできるペンダント

ロープの両端は手でしっかりと握ったまま、真ん中に輪を
作ってしまいましょう。ムリですって？　いいえ、まかせてください!!

用意するもの ●ロープ1本（150cm程度）

LEVEL 2 すこし練習!

DO THE MAGIC!!

1本のロープがあります。
ご覧のように両端を持っています

❶両端を左右の手で持って、ロープを相手に見せる。

さて、この両手を離さずに
ちょっと動かしていくと…

❷すばやくロープを動かしていく。

タ・ネ・あ・か・し

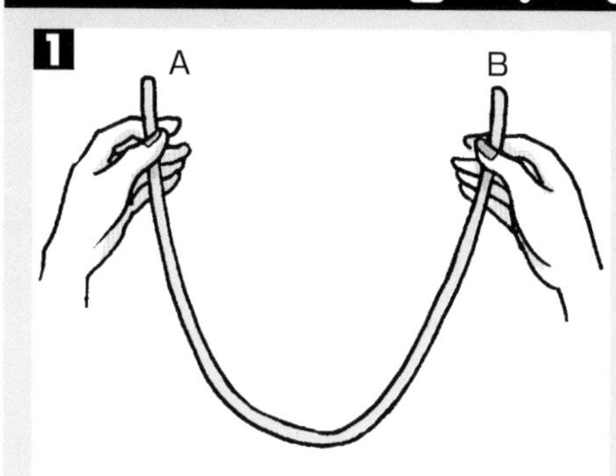

1 まず、ロープの両端を、指先でつまむようにして持つ。

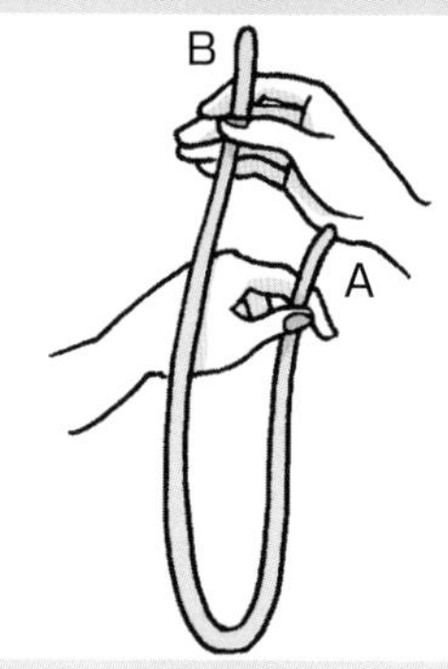

2 左手（A）を外側からまわすようにして、手首にロープをかける。

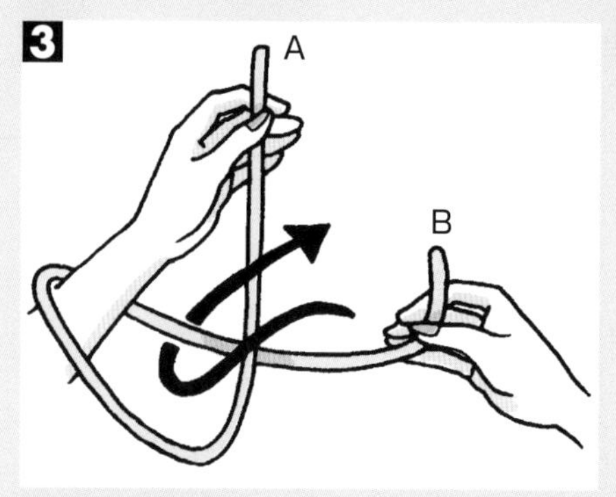

3 左手にロープをかけたまま、右手（B）を右下方向に引き、図のような形をつくる。

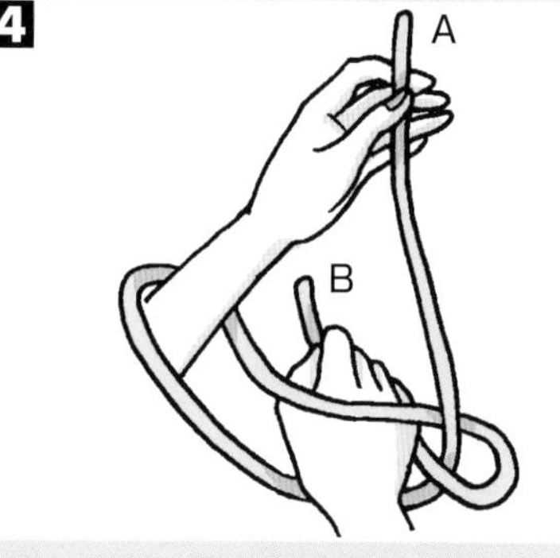

4 左手の下にできた輪っかに右手（B）を通し、3の矢印のようにAのロープの上側に抜く。

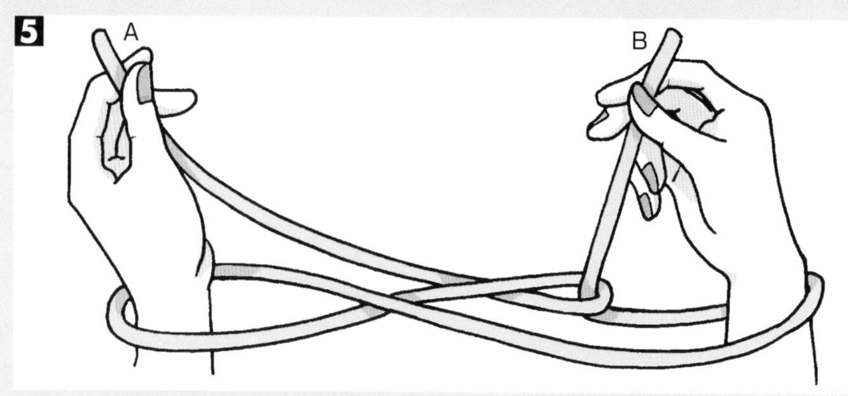

5 ロープをくぐらせてそのまま両手を広げると、図のような形になっているはず。

6

A B

6 ここで、右手（B）のつまんでる指（人さし指と親指）を離し、同時に矢印の部分を中指、薬指、小指ですくい取るように握り持つ。

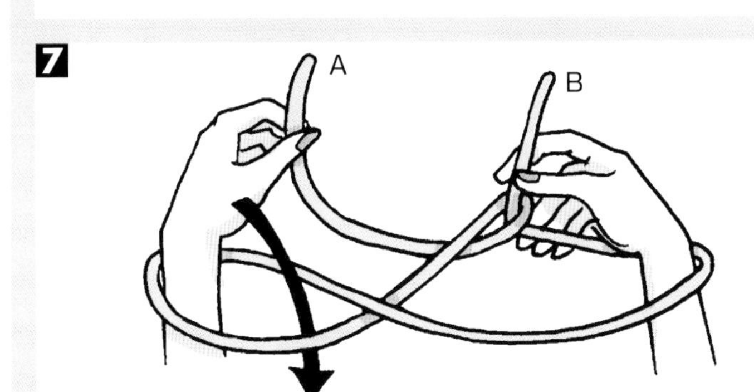

7 同時に、左手の方は手首を倒して、絡めたロープの輪を手首からはずす。

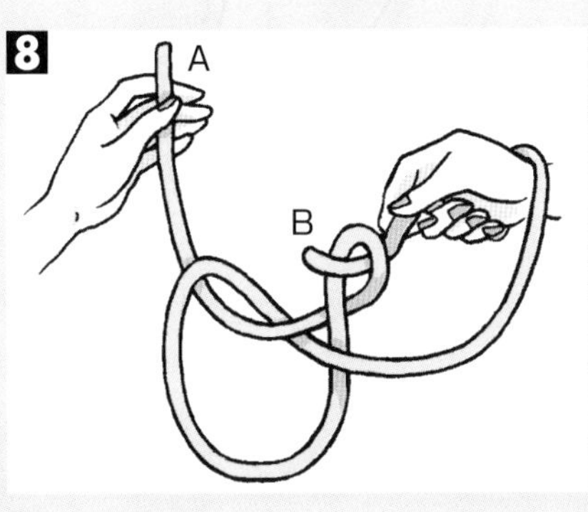

8 あとは、そのままロープを振り落とし、両手を開くようにスッと引いてやる。

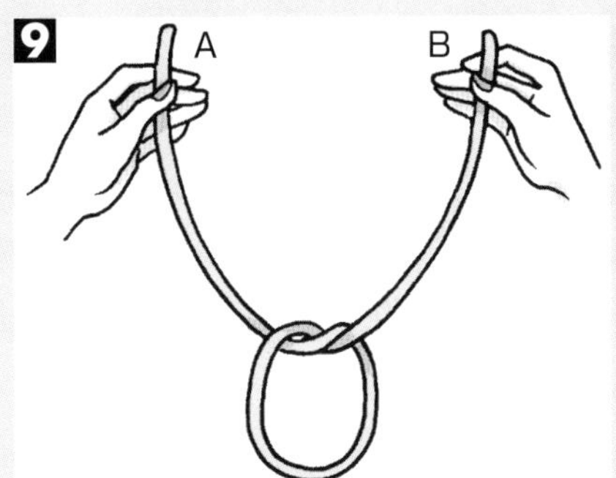

9 ご覧のとおり、ロープの真ん中に輪っかのペンダントができている。

KEY POINT!
●キーポイント●

ロープを持ちかえる瞬間が大事！

このマジックのポイントは、6のところで右手でロープを持ち替えるところ。この秘密の動作は、手のかげで行われるのでバレてしまう心配はないが、なるべくスムーズに持ち替えることがコツ。左手首を倒してはずすところとともに、すこし練習してスマートにやるとグッと見栄えがするはずだ。

切ってもつながるロープ

輪を2重にしたロープの真ん中をハサミでチョキン！
確かに切ったはずなのに、ロープは1本に復活してしまった！

用意するもの ●ロープ1本（1.5m程度）

LEVEL 3 しっかり練習！

ロープ　元どおり！

1

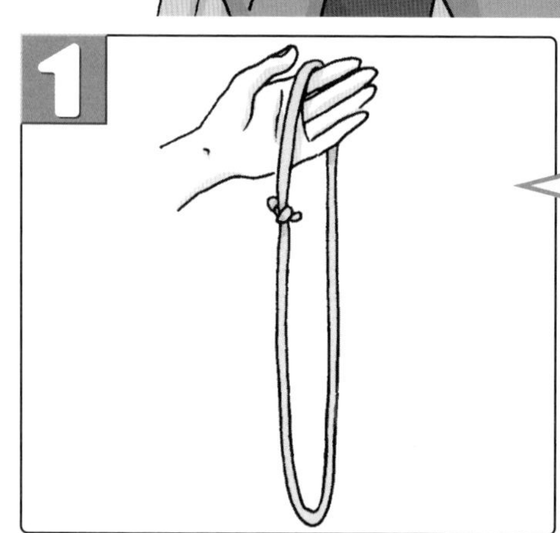

DO THE MAGIC!!

両端を結んで輪っかにしたロープがあります

❶両端を結んで輪っかにしたロープを相手に見せる。

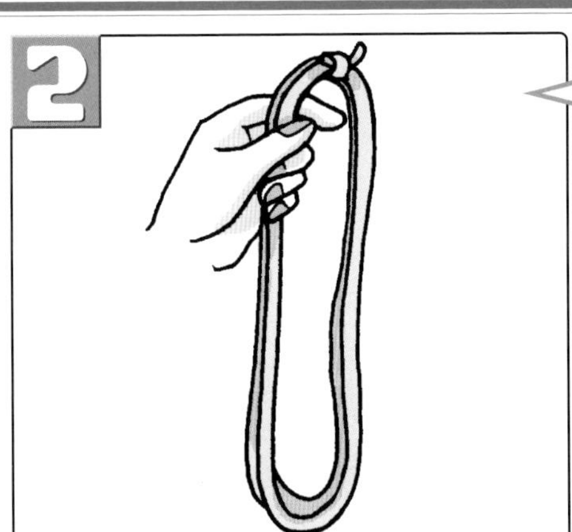

ちょっと長いので
2重にしてしまいましょう

❷ロープの輪を2重にして、左手で持つ。

いいですか？
ハサミで切っちゃいますよ

❸2重の輪になったロープの真ん中をハサミでチョキンと切る。

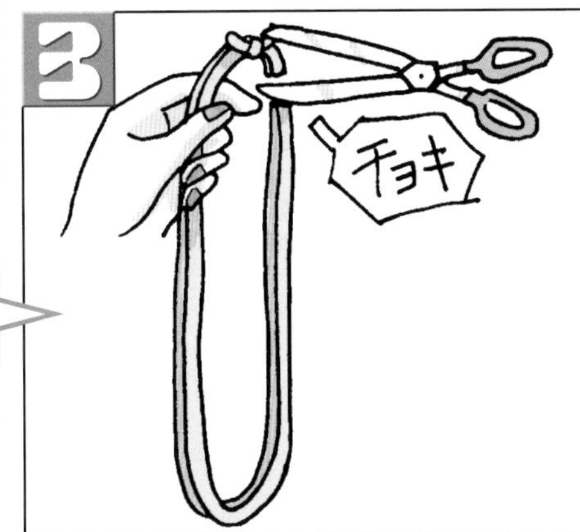

この部分も
チョキチョキ切って
しまいましょう！

❹左手の上に飛び出している短いロープを、ハサミで切り刻んでしまう。

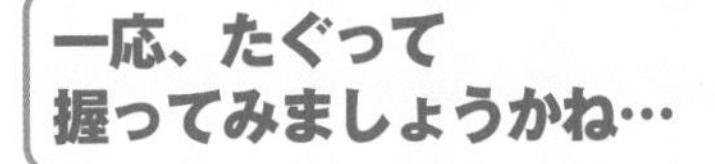

❺切れたロープの1本を右手で持ち、左手でたぐって図のようにジグザグに握る。

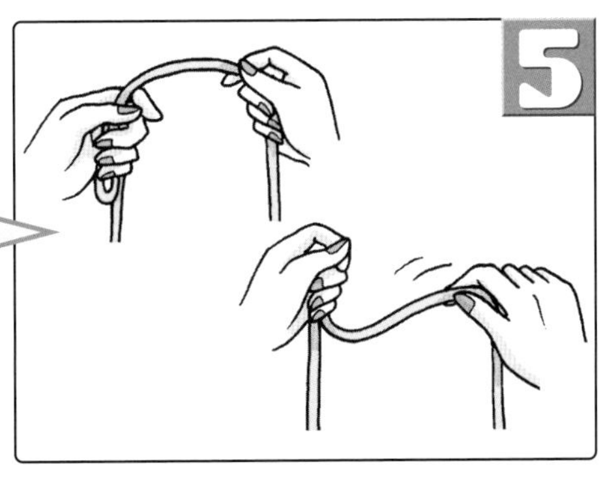

**引いてみましょう…
やった！　元どおり
1本になりました!!**

タ・ネ・あ・か・し

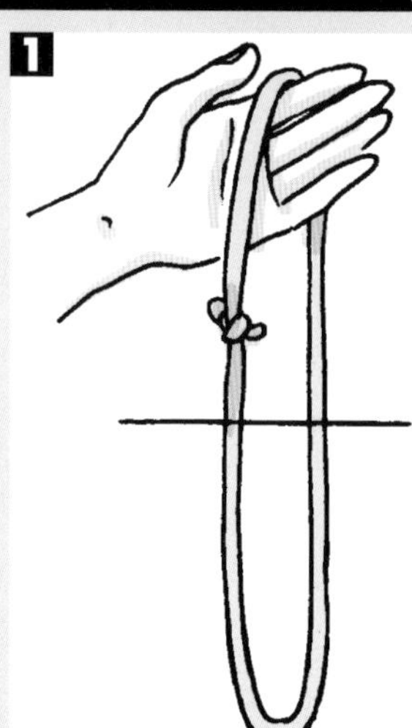

1 輪にしたロープは、結び目が手の平側になるように左手にかけ、結び目の位置は真ん中よりやや上にする。

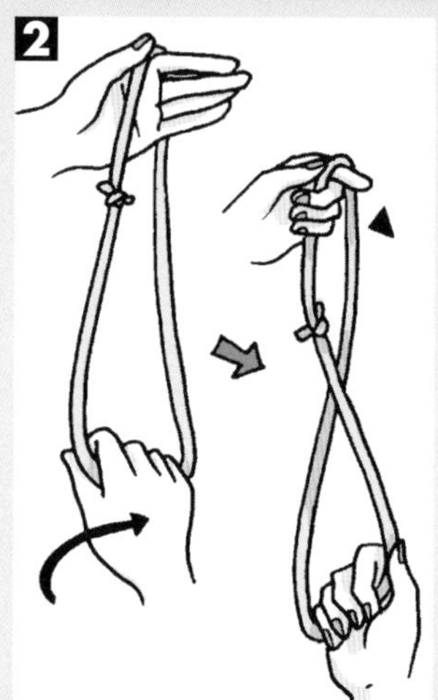

2 輪の下側を右手の順手で握り、その手を図のようにひねって、8の字の形にする。

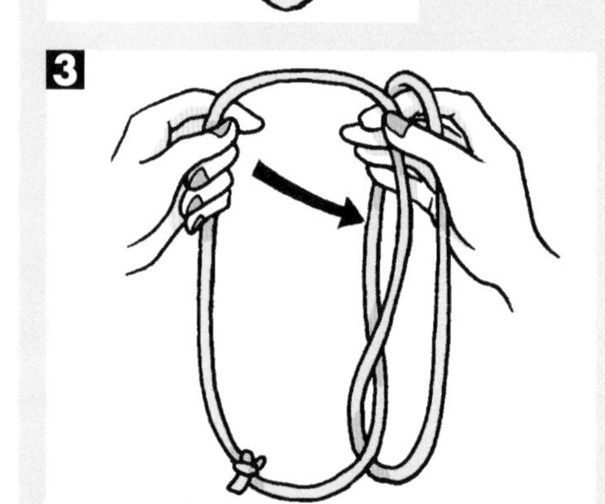

3 まず、右手を上に上げて8の字の上の右側（2の▲印）を持ち、左手は右手の甲側のロープ（矢印のところ）をつかむ。

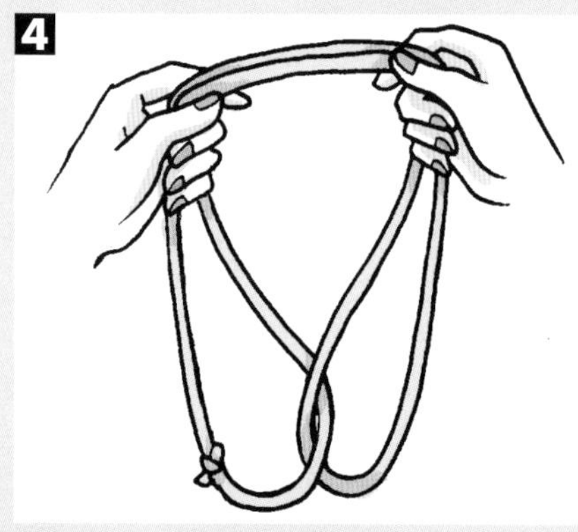

4 ロープをつかんだまま、左右の手を開いていく。

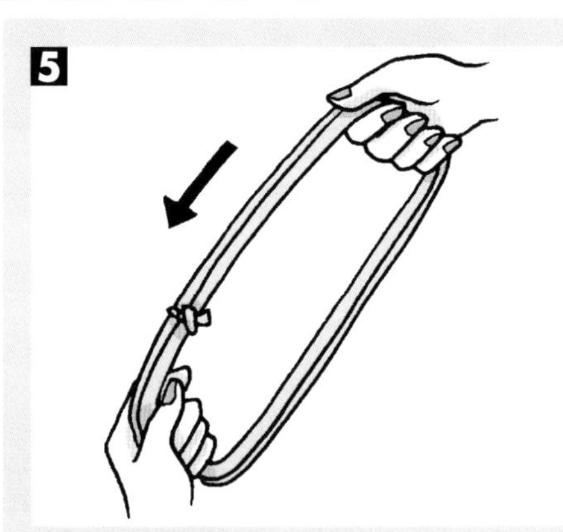

5 そのままロープを2本一緒にしごくようにして輪にし、同時に左手の中にロープがからみ合っているところを隠し持つ。

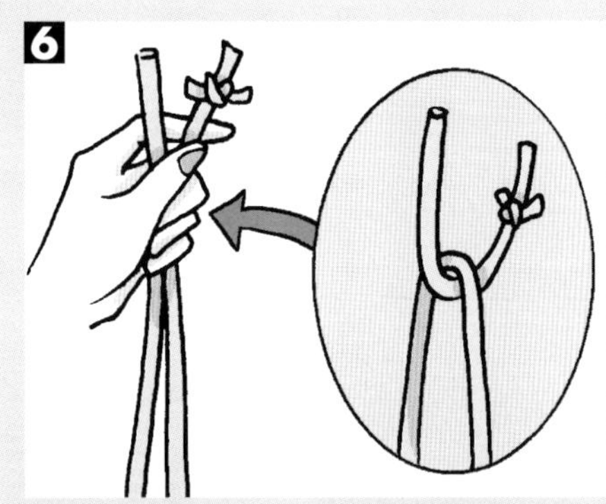

6 ロープを切った（P109③）あと、ロープは2本に切り離されたように見えるが、実は図のように短いロープが長いロープにからまっている。

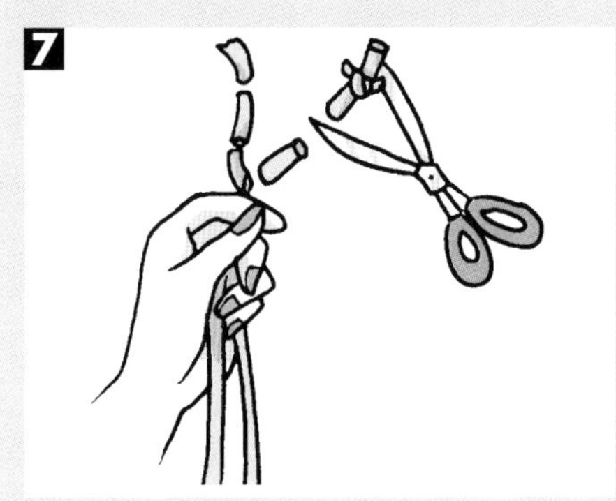

7 左手の上に出ている短いロープは、ハサミで細かく切り刻んで落としてしまう。

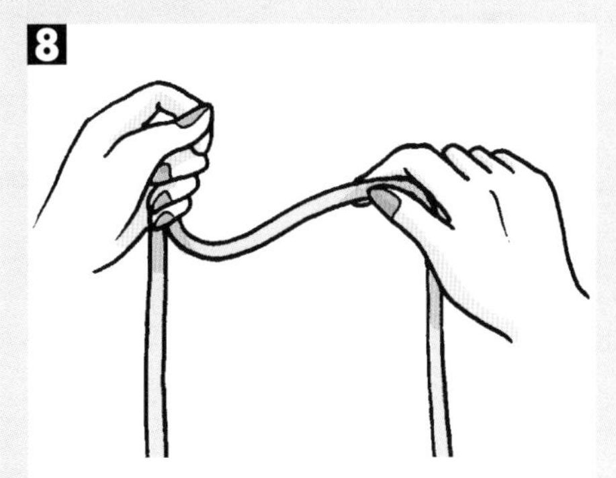

8 次に、切り離されてしまった（ように みえる）ロープの一本を右手で持つ。

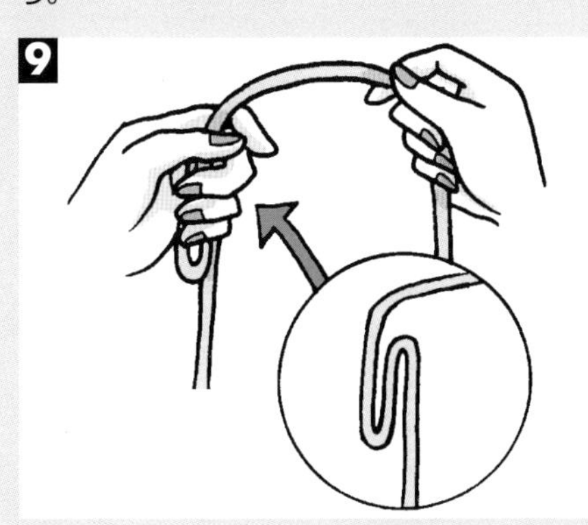

9 さらにそのロープを左手でたぐって、ジグザグに握り込む。

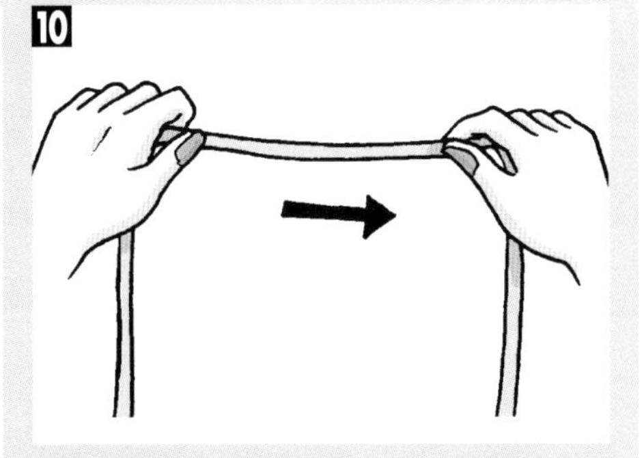

10 最後は、右手でロープを右に引き、左手を開いてロープをピーンと伸ばす。ロープはつながって、元どおりの1本に！

指をすり抜けてジャンプするひも

中指に引っかけて握ったひも。思いっ切り引っ張ったら…
あれ!　通り抜けた。もう一度やると…今度は薬指にジャンプした!

用意するもの　●ひも1本（30～40cm程度）

LEVEL 1 かんたん!

ロープ　通り抜ける!

DO THE MAGIC!!

1

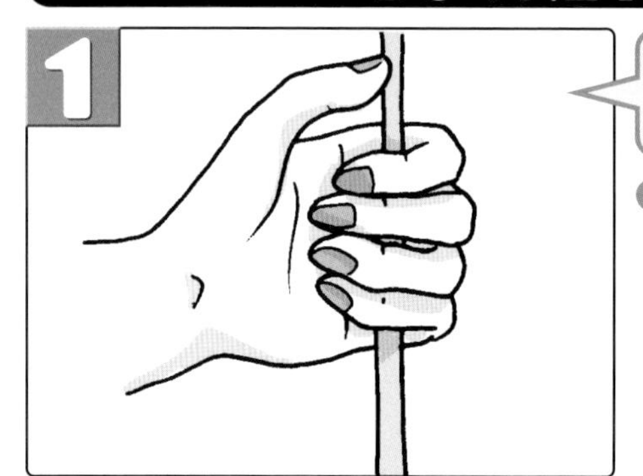

**ご覧のように
1本のひもがあります**

❶左手で握ったひも相手に見せる。

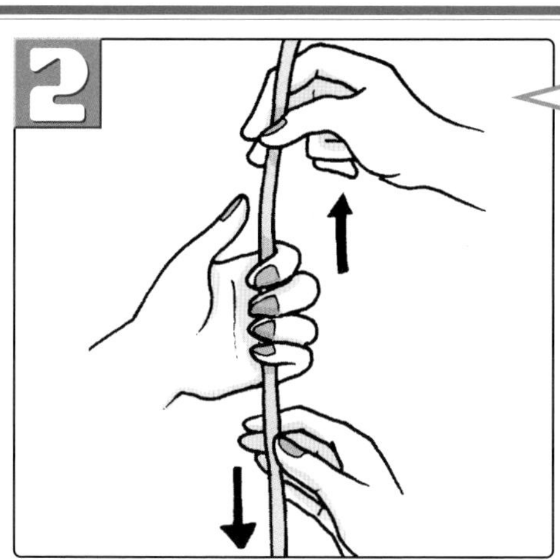

ちょっと位置を調整しましょう

❷ひもの両端を上下に交互に引っ張ってみせる。

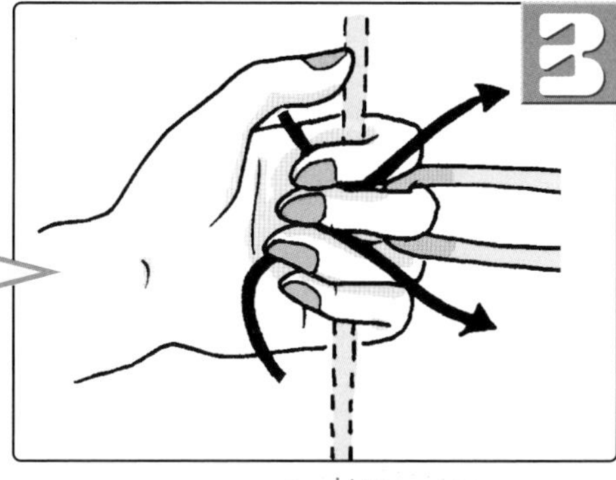

さて、このひもを中指にかけます

❸図のように中指にひもを引っかける。

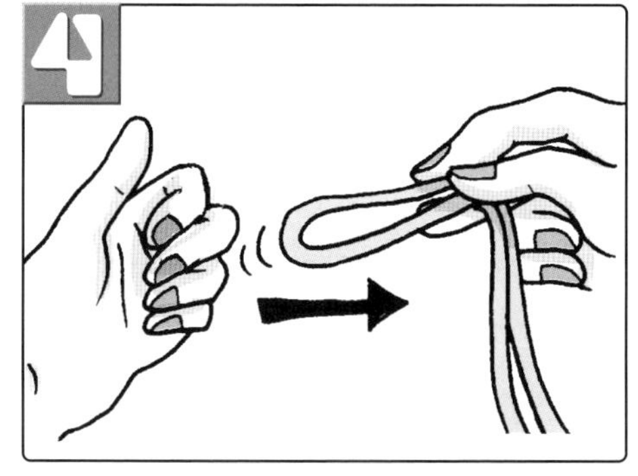

このひもを
引っ張ると…
おお！ 中指を通り抜けて
しまいました！

うーん、
もう一度やってみましょうか

❺ひもを再び左手に握り、相手に見せる。

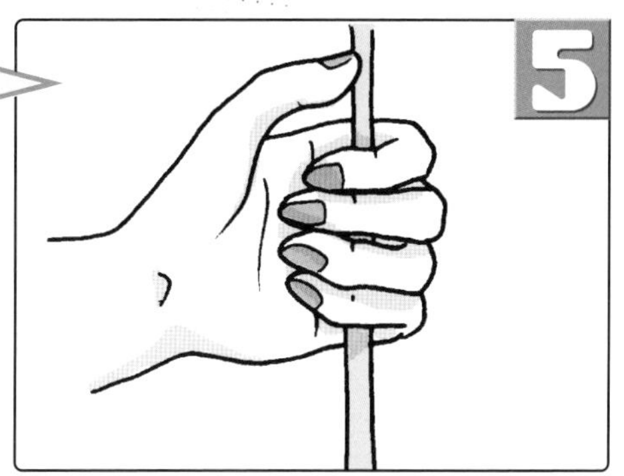

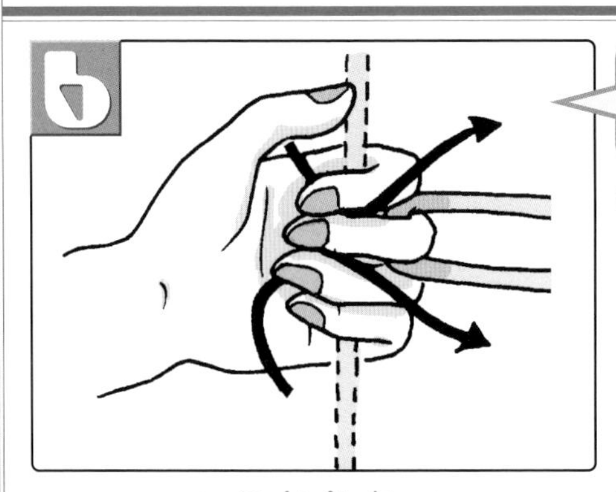

**また同じように、
中指にひもをかけましょう**

❻図のように中指にひもを引っかける。

**それっ!
あれ!?　今度は薬指に
ジャンプしてしまいました!**

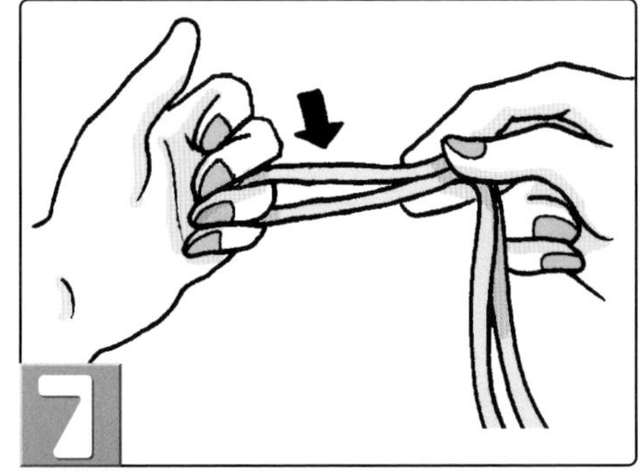

❼思いきりひもを引く。

タ・ネ・あ・か・し

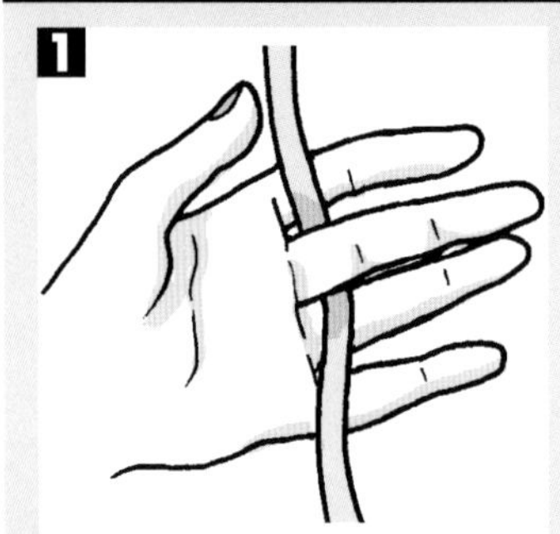

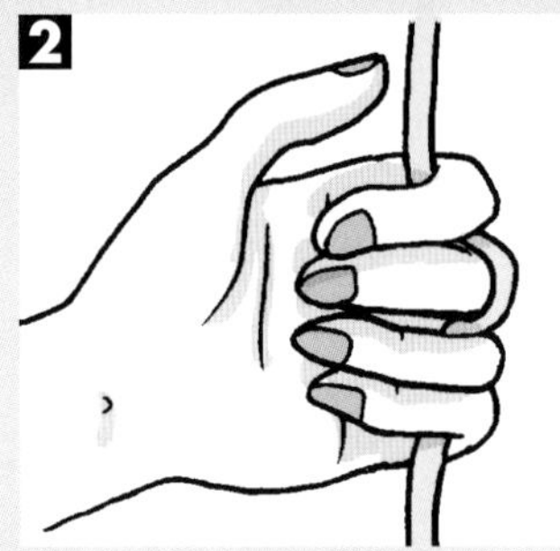

❷あまり深く握り込んでしまうと、中指の下を通るひもが見えてしまうので注意。後半の握りでももちろん同じだ。

❶中指を通り抜ける最初の握りは実はこう。中指の下にひもを通してから手を握る。相手が見てないうちにさりげなく握っておき、上下に引っ張るしぐさでいかにもふつうの握りのように見せよう。

❸中指から薬指にひもをジャンプさせたい場合は、中指と薬指の両方の下にひもを通してから握っておく。後の動作はすべて同じだ。

V

魔法のハンカチショー

シルクやハンカチを使ったマジックはとってもあざやかだ。ハンカチの中からコインが出現したり、シルクがパッと分裂して増えたり…。変化に富んだ楽しい魔法を演じよう!

この章で使う道具

シルクやハンカチを使うが、シルクは身近にある大きめのスカーフでもOK。マジックによって使いやすい大きさや素材(やわらかさ)のものを選択しよう。

切っても切れないシルク

筒に通した2枚のシルクをハサミでバッサリ!
確かに切ったはずなのに…?　不思議でしょ?

用意するもの
- 同じ色のシルク(スカーフ)2枚
- 輪ゴム
- 紙(画用紙など、20×20㎝程度)

LEVEL 3 しっかり練習!

シルク・ハンカチ　元どおり!

1 DO THE MAGIC!!

**ここに紙の筒と
2枚のシルクがあります**

❶筒状にした紙からシルクを引き出し、相手に見せる。

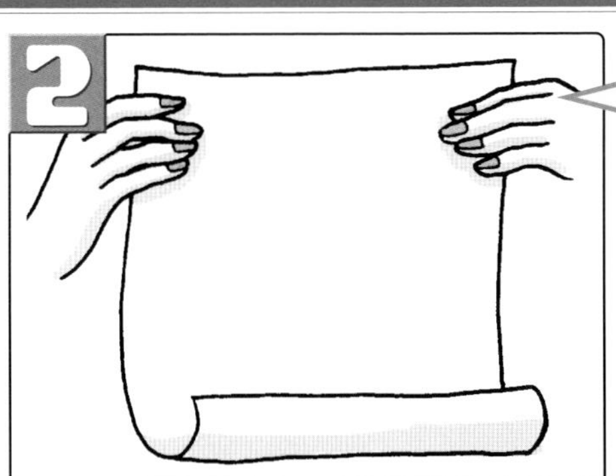

紙にはタネも
仕掛けもありません

❷紙を開いて表裏を見せ、何も仕掛けがないことを見せる。

では、再び紙でシルクをくるんでしまいます

❸2枚のシルクを紙でクルクルと筒状に包んでしまう。

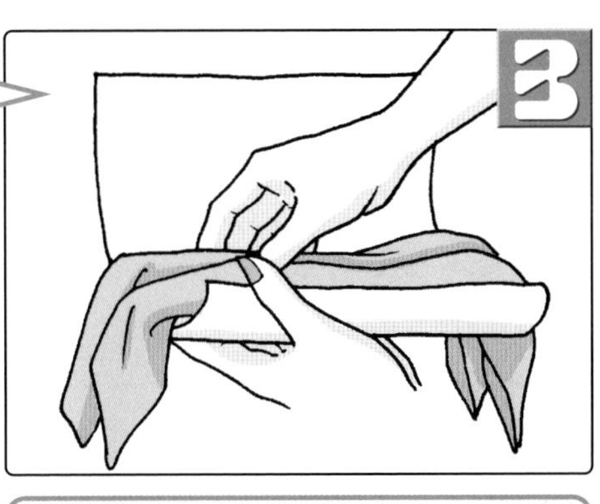

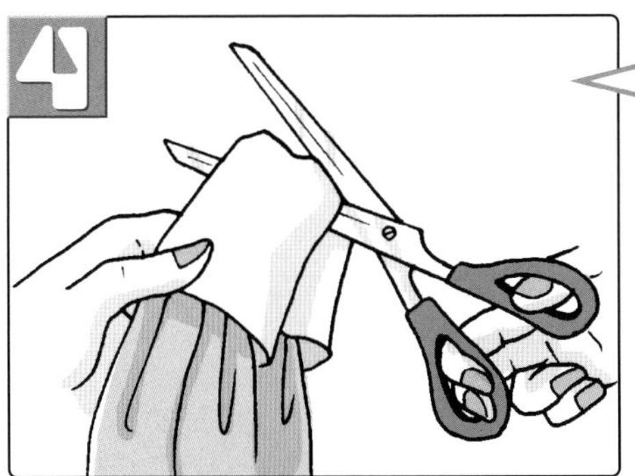

紙の真ん中、ココをハサミで切ってしまいましょう。
これでシルクは真っ二つです！

❹シルクをくるんだ紙の筒の真ん中を折り曲げ、ハサミでバッサリ切る。

さあ、シルクは…!?
オオーッ!
2枚ともまったく
切れてません!

タ・ネ・あ・か・し

1 2枚のシルクをそれぞれ三角形に折って、それを帯状に丸めたものを用意する。

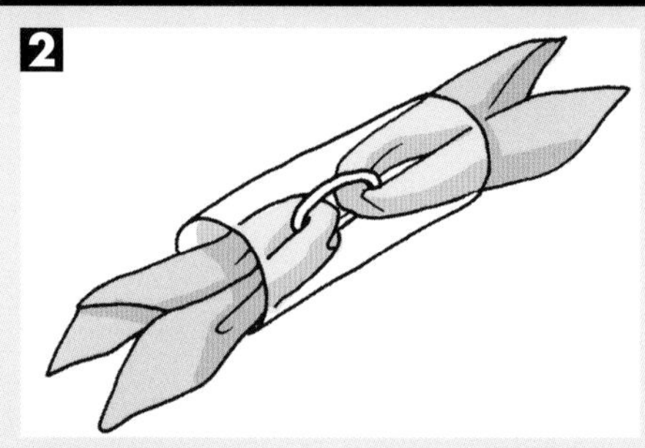

2 帯状にしたシルク2枚の中央を輪ゴムで止め、紙を丸めた筒の中に輪ゴム部分が隠れるようにセットする。外からは2枚のシルクがそれぞれ筒の中を通ってるように見える。

3 最初にシルクを紙の筒から取り出すときは、輪ゴムでつないであるシルクの中央部分を右手で軽く握って隠し、さり気なく引き出す。

4 取り出したシルクは、左手のヒジの内側に掛けて垂らしておく。軽く腕を曲げ、輪ゴム部分を肘の内側において、相手から見えないようにする。

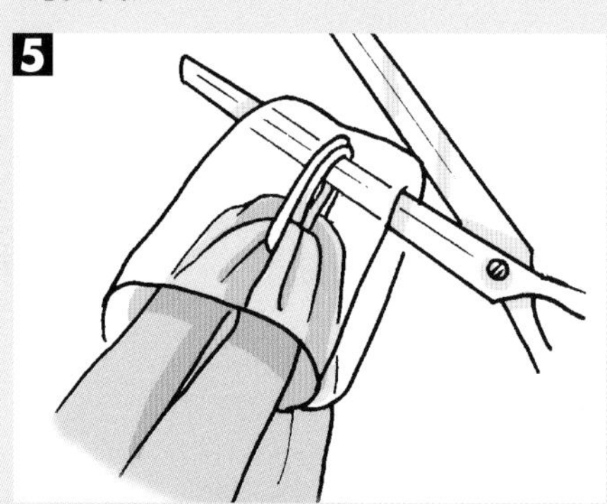

5 筒を折り曲げて切るときは、シルクを切らないように注意。筒を半分に折る前にシルクの両端を軽く引っ張り、中の輪ゴムをのばして切ることがポイント。

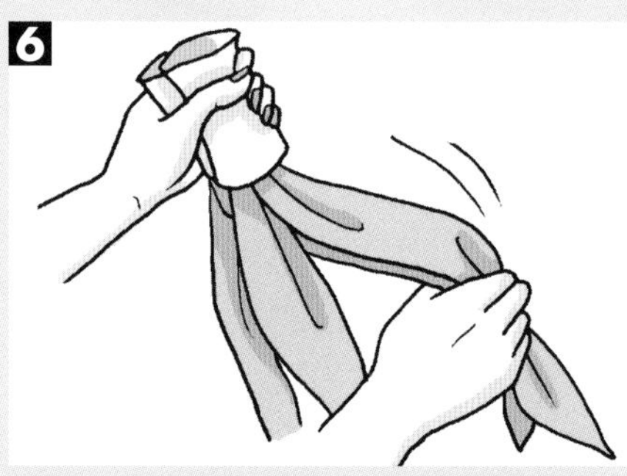

6 左手で2つに切れた紙の筒を持ったまま、右手で垂れ下がっているシルクの端を一気に引き出すと、切れたはずの2枚のシルクが無傷で現れる！　引き出すときには、両方の筒から出ているシルクの端を1つずつ持って引き出すこと。

コインを生む ハンカチ

何の仕掛けもない1枚のハンカチをクルクル巻いて、
結び目にパッと魔法をかける。すると中からコインが生まれた!

用意するもの

- ハンカチ1枚
- コイン1枚

LEVEL 2 すこし練習!

シルク・ハンカチ　現れる!

DO THE MAGIC!!

ご覧のとおり、タネも仕掛けもない1枚のハンカチがあります

❶タネも仕掛けもないことを示して、ハンカチの表と裏を見せる。

1

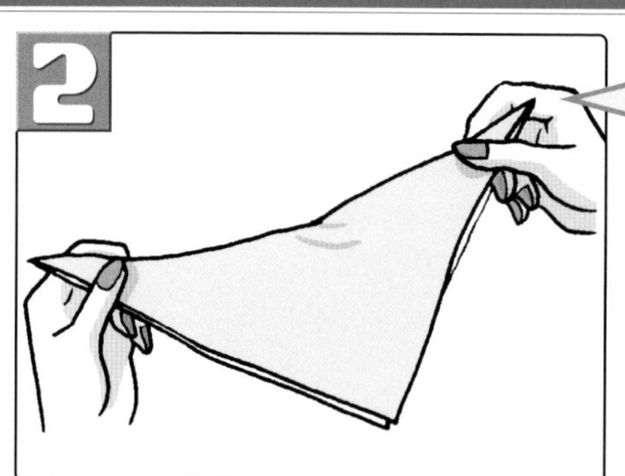

**このハンカチをこうして
三角にして…**

❷ハンカチの対角線の角を持って、三角形になるようにする

クルクルと巻いていきます

❸両端を抑えてクルクルと巻く。

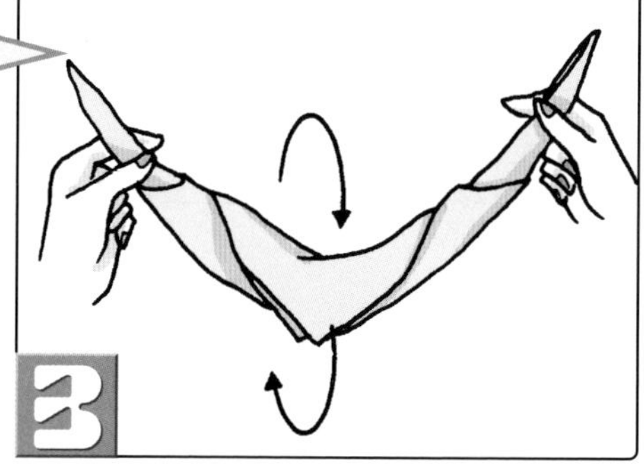

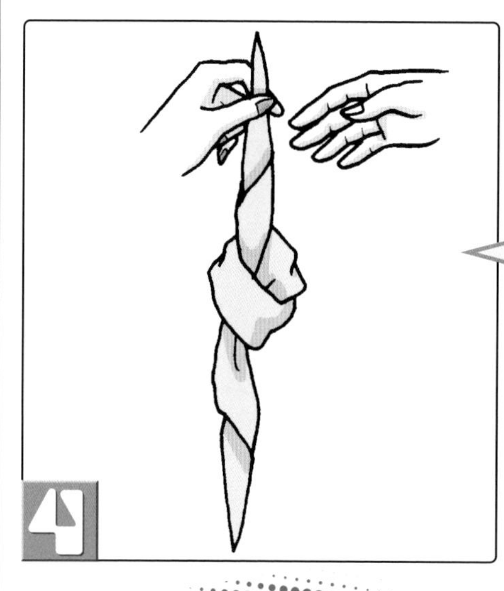

**ちょっと持ってください。
ハンカチに魔法をかけます。
ムムムム……**

❹ハンカチの中央を結び、その結び目に向かってコインが生まれてくるように魔法をかける。そしてハンカチを相手に渡す。

**さあ、ハンカチを
開いて!
なんと、コインが
生まれました!**

タ・ネ・あ・か・し

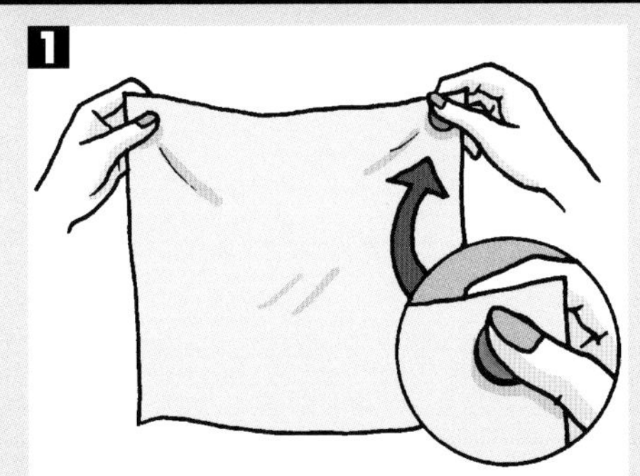

1 ハンカチを持つとき、コインを右手の親指で押さえて隠し持つ。相手側を残りの指でうまく隠して透けないようにしよう。

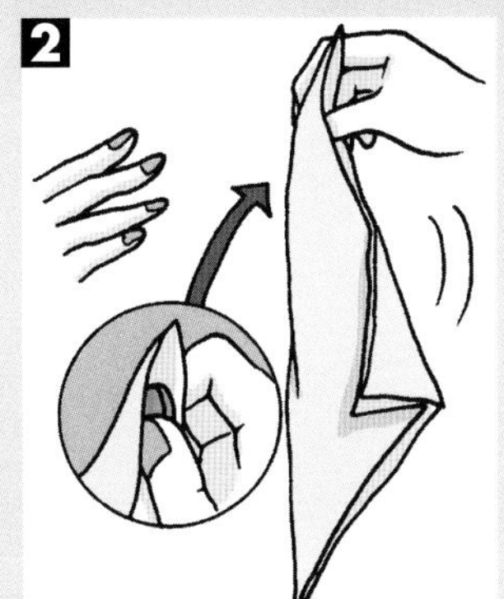

2 左手を放して、コインがハンカチの内側に隠れるようにハンカチを垂らす。

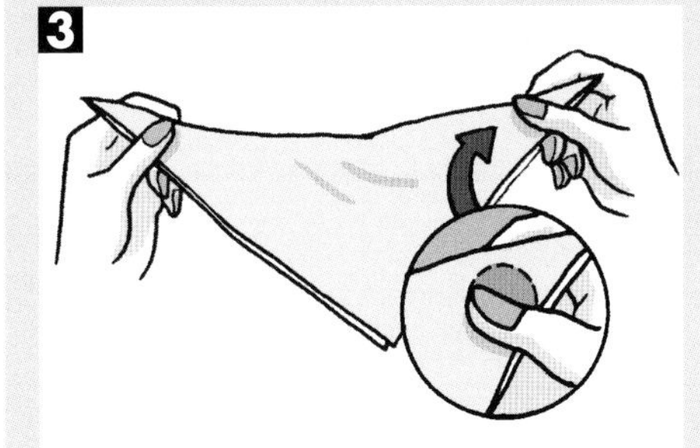

3 ハンカチが三角に折れるように、コインを隠した部分との対角線の角を左手で持つ。

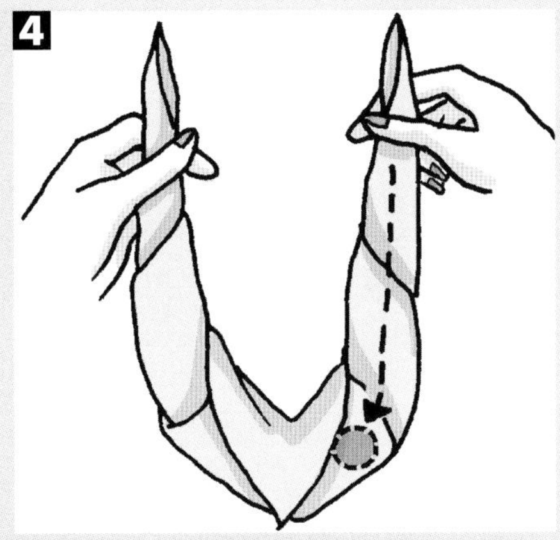

4 ハンカチを軽くクルクル巻き、両手を近づけたときに押さえたコインを離す。コインはハンカチの筒の中を滑り落ち、真ん中に隠れた状態になる。

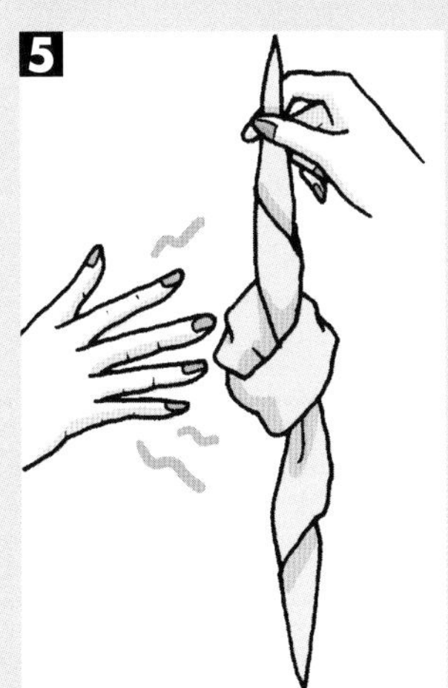

5 ハンカチの中央を結んでコインを結び目の中に納め、魔法をかけるポーズを。あとは相手に渡して開いてもらえばOKだ!

KEY POINT!
●キーポイント●

ハンカチは軽く巻いていこう

ハンカチを細く、きつく巻き過ぎると落としたコインが通りにくいので、軽く巻こう。相手に渡すときに軽く結ぶのは、真ん中にあるコインが落ちないようにするため。

赤いハンカチになった炎

メラメラと燃えるろうそくの炎。しかし、私がこの炎をつかみ取れば、瞬く間に赤いハンカチに変わってしまうのです！

用意するもの
- ろうそく
- マッチ箱とマッチ（火の扱いにには注意を）
- 赤いハンカチ（うすくて小さいもの）

LEVEL 1 かんたん!

シルク・ハンカチ

変身!

DO THE MAGIC!!

1

ろうそくに火を灯しましょう。暖かそうですね

❶マッチ箱からマッチを取り出し、ろうそくに火をつける。

2

❷勢いよくろうそくの炎をつかみ取る。

よ～し、つかまえた！
アチチッ！　よしよしよしよし…

❸つかまえた炎を両手でよ～くもむと…。

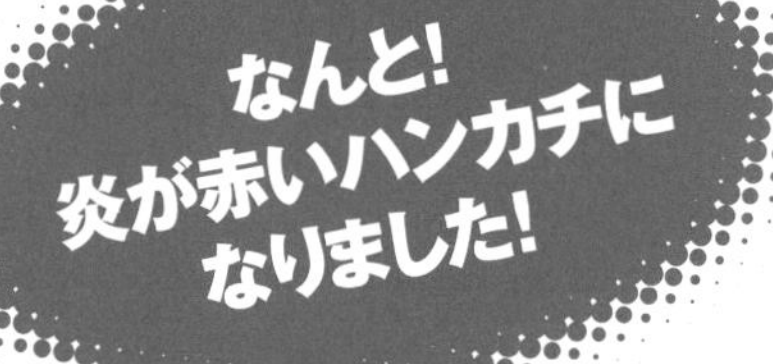

タ・ネ・あ・か・し

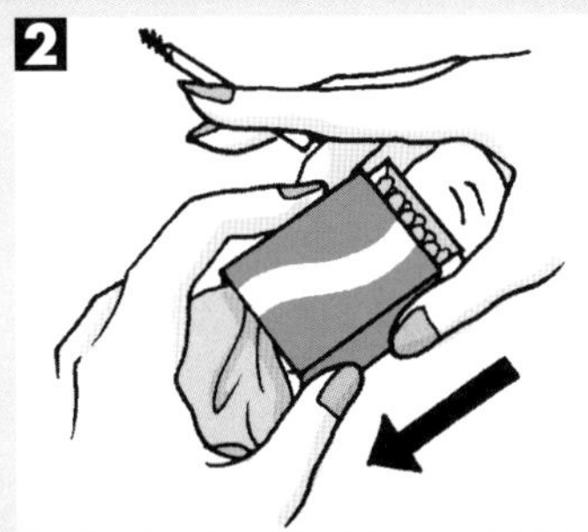

❷ マッチ棒を取り出したところで、普通に中箱を押し込めばハンカチが押し出されるので、それを左手に隠し持つ。右手でマッチを消す動作を大袈裟にやり、相手の注意を右手にひき付けておくとさらによい。

❶ マッチ箱の中箱を半分ほど押し出し、その隙間に赤いハンカチを隠しておく。手前の部分を隠すように持てば、相手からハンカチは見えない。

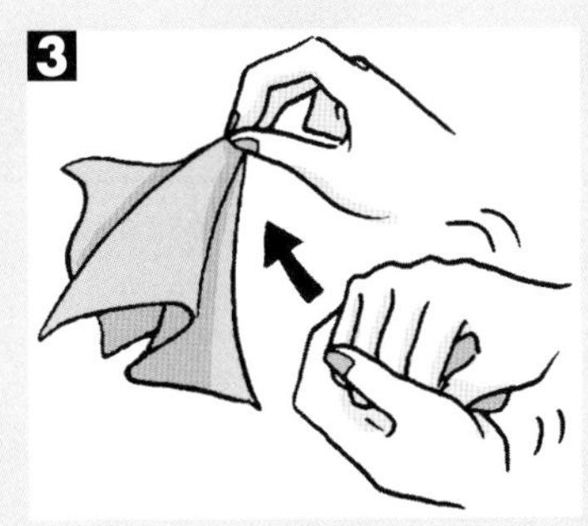

❸ 左手でハンカチを握ったまま右手と合わせ、両手の中にハンカチを入れる。あとは両手でもむようにしてから、パッと広げよう。もんでいるときには「アチチッ」と熱いような演技を入れて臨場感を。

分裂してふえるシルク

結ばれた1枚のシルク…。ここにフッと息を吹きかけると、
あれれ!?　なんと2枚に分裂してしまったぞ!

用意するもの ●同じ色のシルク2枚
（60×60cmか45×45cmくらい）

LEVEL 3 しっかり練習!

シルク・ハンカチ　増える!

DO THE MAGIC!!

ここに1枚のシルクがあります

❶シルクを垂らして相手に見せる。

ちょっと結んじゃいますね

❷シルクの中央に結び目を作る。

この結び目に、やさしく息を吹きかけてあげるんです。フッ…

❸結び目に向かって軽く息を吹きかける。

あっ! なんと分裂して 2枚になりました!!

タ・ネ・あ・か・し

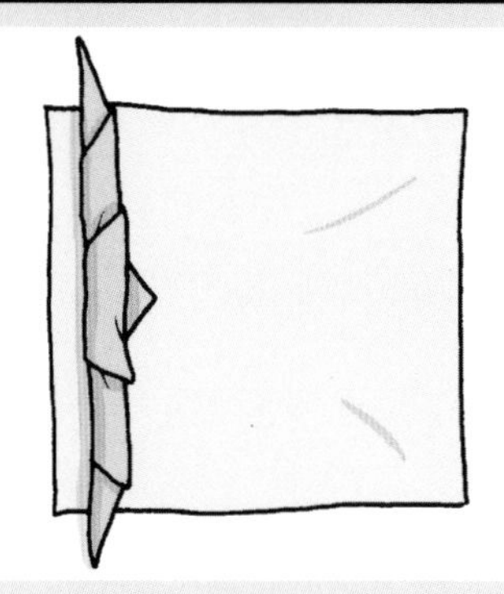

❶ 1枚のシルクを細長く巻く。もう1枚のシルクはその下に広げて、どれかの一辺に合わせて置く。

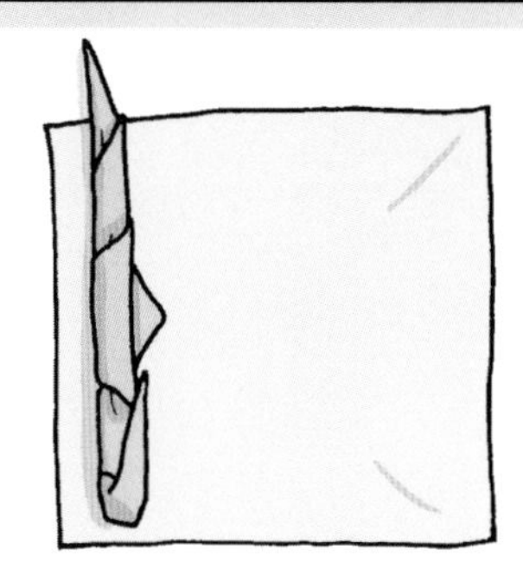

❷ 巻いたシルクの下端を、広げたシルクの内側に折り込む。

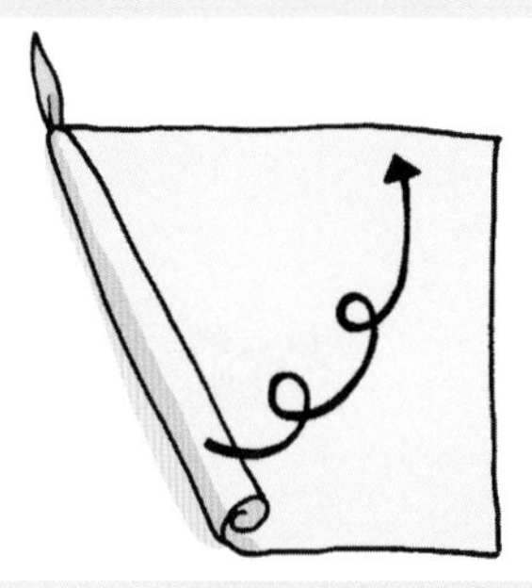

❸ 巻いたシルクの先っぽだけが飛び出した状態で、広げたシルクで巻いたシルクをイラストのように巻き込んでいく。

❹ 巻き上がった状態がコレ。×印の部分を持てば、まるで1枚のシルクのように見え、2枚のシルクがほどけることはない。

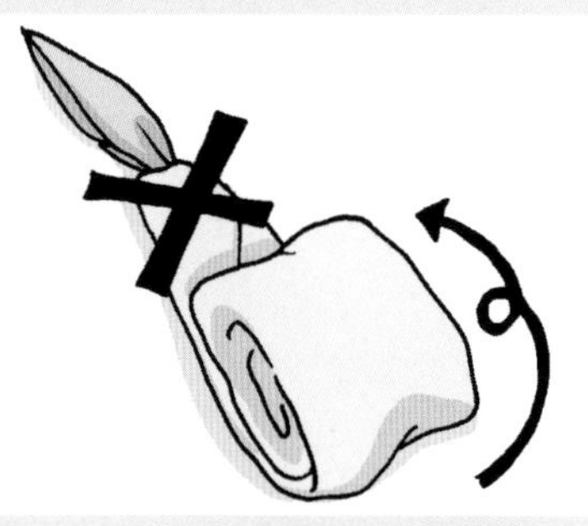

❺ しまっておくときは、×印部分を上に、下側から全体をクルクルと巻いて小さくしておく。ポケットや道具箱に入れておけば、取り出した瞬間から1枚しかないように見せることができる。

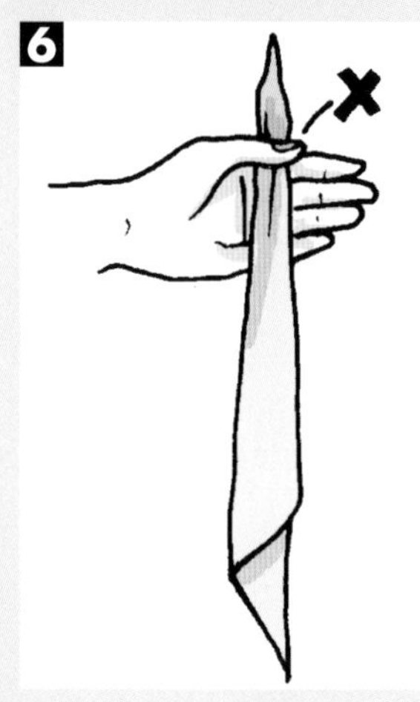

❻ シルクを示すときは、×印の部分を指先で軽く挟むようにして持つ。相手からは1枚のシルクに見える。

7

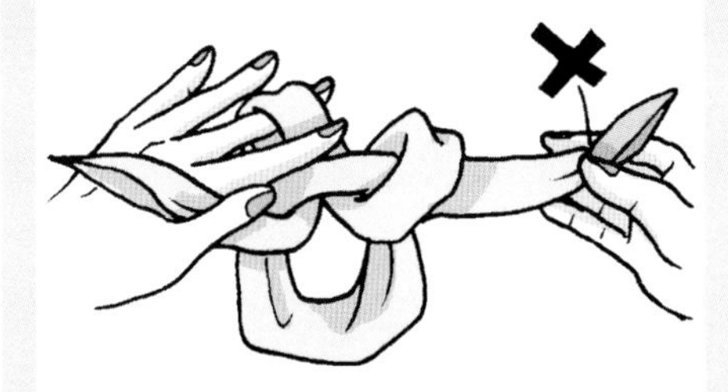

8

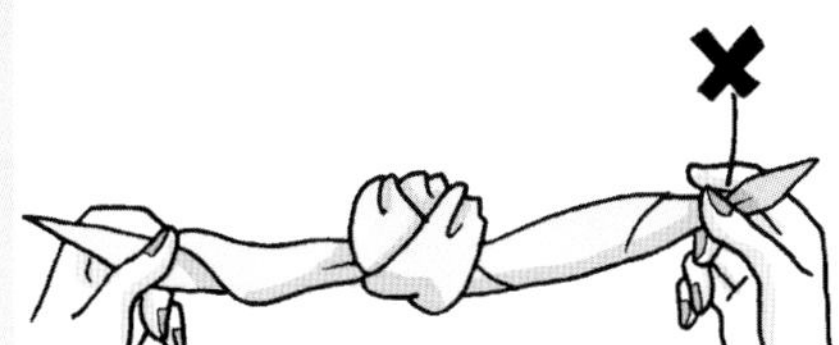

7 ここで×印部分を左手の人差し指と中指ではさみながら「フォールス・ノット」を作る（P79参照）。最後にはしを引っ張るときは×印部分を引くように気を付けよう。

8 フォールス・ノットが出来上がったらシルクの両はしを持ち、相手に結び目を見せる。このとき右手は×印から出た内側のシルクのはしを持つ。

9

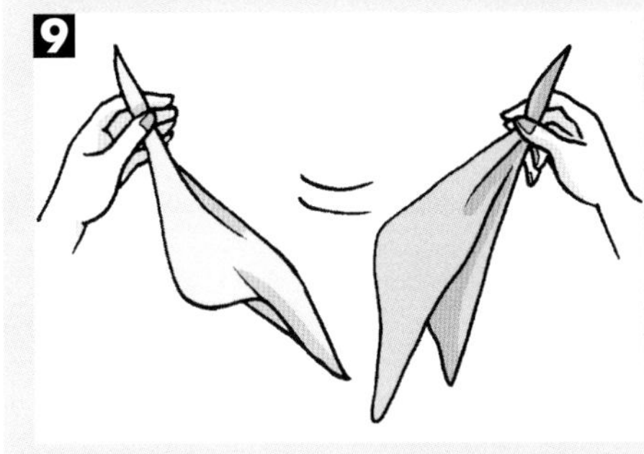

9 息を吹きかけると同時に両はしを引けば、フォールス・ノットがほどけ、結び目が消えると同時にシルクが2枚になって現れる。

KEY POINT!
●キーポイント●

大きな動作で見せよう

シルクやハンカチによるマジックは、素材の柔らかさがいきるように大きな動きで見せるとより効果的。このマジックでも、結び目を作ったあと、シルクを高くかかげて大きな円を描くように分裂させる。そうすれば2枚に増える現象がよりはなやかに見えるはず。

裂けないハンカチ

ハンカチに刺した安全ピン。これを無理矢理引っ張れば？
裂ける!?　ところがハンカチはまったく無傷なのです！

用意するもの
- 木綿のハンカチ
- 大きめの安全ピン

LEVEL 1 かんたん!

シルク・ハンカチ　通り抜ける!

1

安全ピンを刺します。ハンカチをピーンと張って持ってください

❶相手にハンカチをピーンと張って持ってもらう。

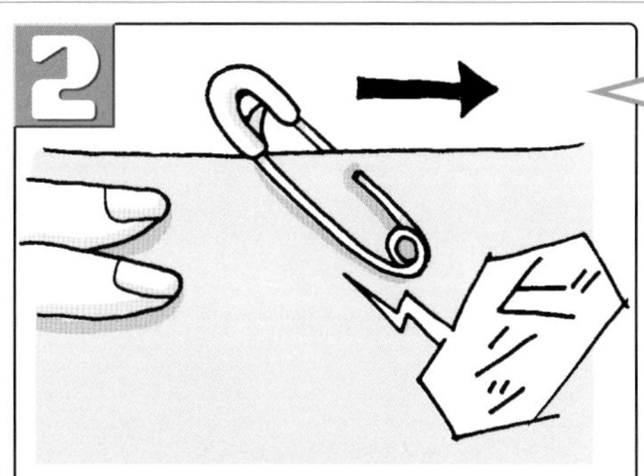

この安全ピンを動かします。
いきますよ〜！　エイッ！

❷ハンカチに安全ピンを刺し、左から右に移動させる。

どうです？
ほら、ハンカチは
無傷です！

タ・ネ・あ・か・し

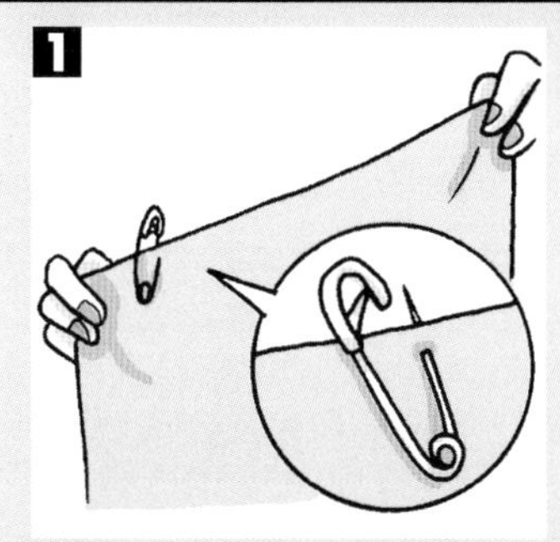

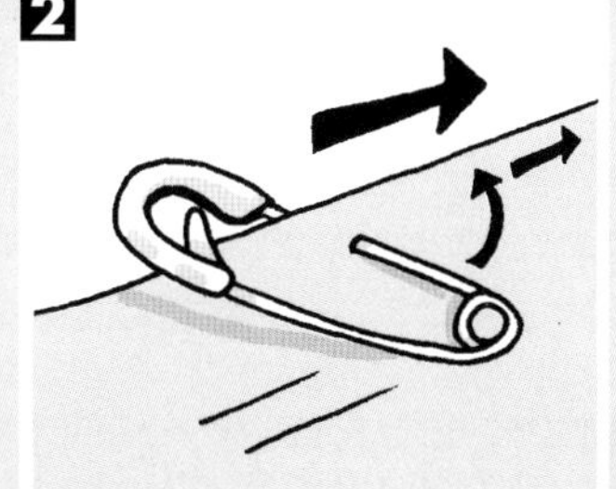

❷ 安全ピンのバネ部分を持ち、ハンカチの上辺と平行方向に引っ張る。安全ピンの角度をできるだけハンカチと平行にするとよりうまくいく。ためらわず、一気に引っ張ることが大事。

❶ このマジックはタネも仕掛けもいらない。まず相手にハンカチの両端をピンと張るように持ってもらうことが大切。上部に安全ピンを刺してとめる。刺す位置は安全ピンのサイズによって多少異なるので事前に試しておこう。また、安全ピンの針先が曲がっているとハンカチが傷ついてしまうので注意しよう。

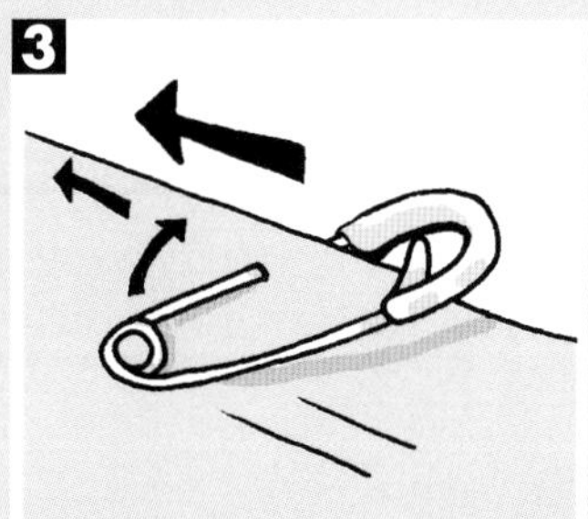

❸ 安全ピンを引くと裂けるような音がするが、ハンカチに傷は付かないので大丈夫。逆方向に移動させる場合は安全ピンをイラストのように裏返し、必ずバネ部分を引くこと。

予知される シルクの色

私にはすでに見えていたんです――。
アナタの結んだシルクの順番は、ズバリこれですね？

用意するもの ●3色のシルクを各2枚ずつ
●箱（もしくは紙袋）

LEVEL 2 すこし練習！

シルク・ハンカチ　予言！

DO THE MAGIC!!

1

この3色のシルクを
アナタの好きな順番で
結んでください

❷3色のシルクを相手に渡し、好きな順番で1本になるように結んでもらう。

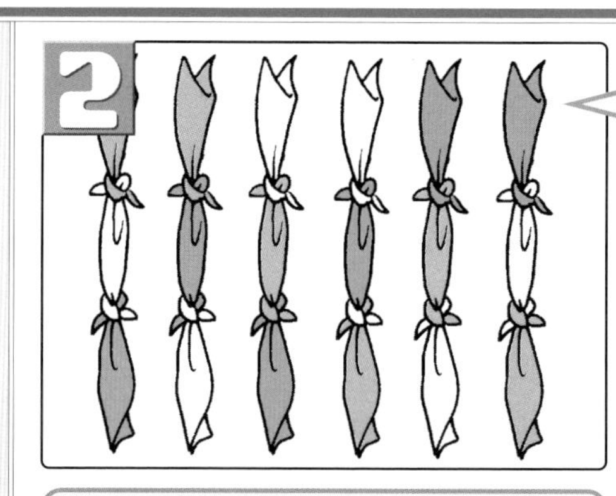

結ぶ順番は全部で6通り。
当たる確立は1／6のはずですね

❷3色のシルクを結ぶ順番に何通りあるか、当たる確立を相手に説明する。

ですが、ここにすでに予知して
結んでおいたシルクがあります

❸予知した順番で結んだシルクを箱から取り出す。

では、アナタの
結んだ順番を見せてください

❹相手に結んだシルクを広げて見せてもらう。

どうでしょう!?
ほら、同じ順番です!

タ・ネ・あ・か・し

1

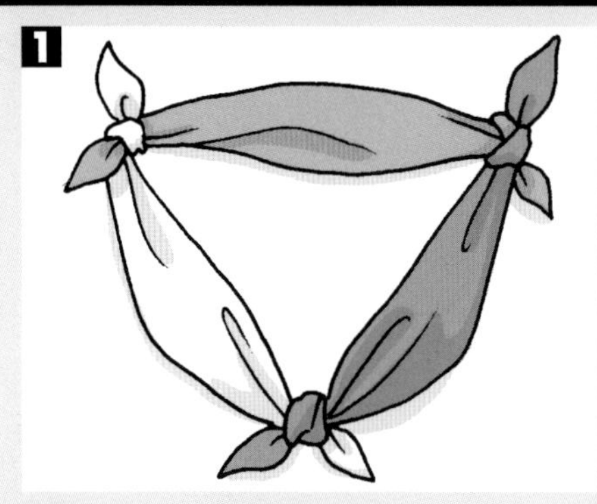

❶ あらかじめ3色のシルクが三角形になるように結んでおくが、実はこの結び方がポイント。

2

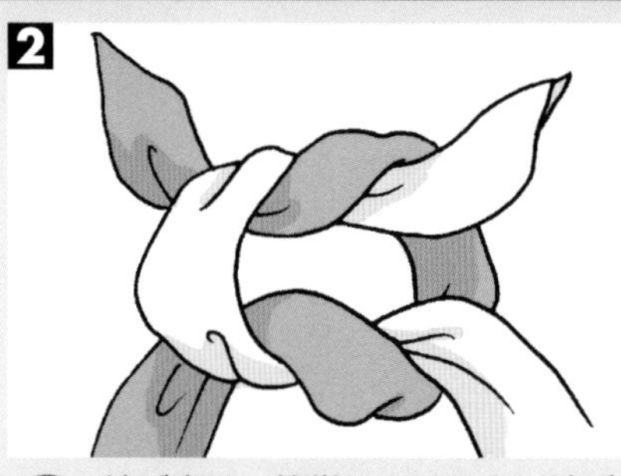

❷ 結び方は、簡単にとけるウソ結びに。まずは図のように、横結び（P85参照）で2枚のシルクを結ぶ。

3

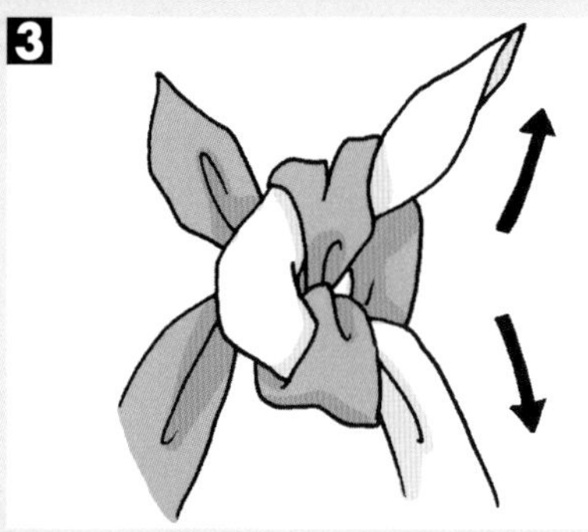

❸ 次に、片方のシルクを互いに矢印の方向へ引っ張る。

4

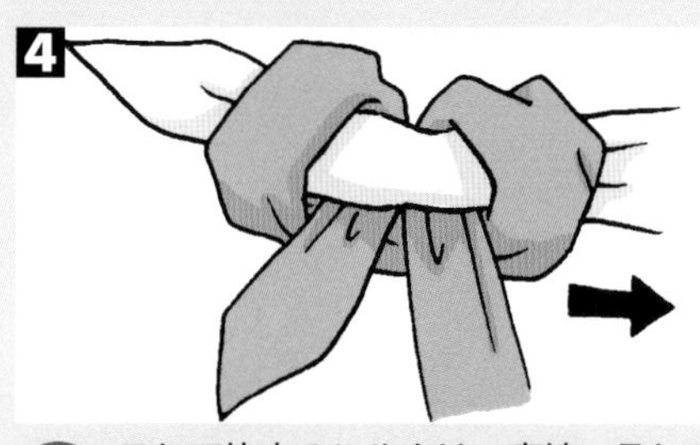

❹ これで片方のシルクは一直線、そしてもう片方はそれに巻き付いた状態の"ウソ結び"が完成。引っ張ればスルリと抜ける。この結び方で3枚を三角形になるように結んでおく。

5

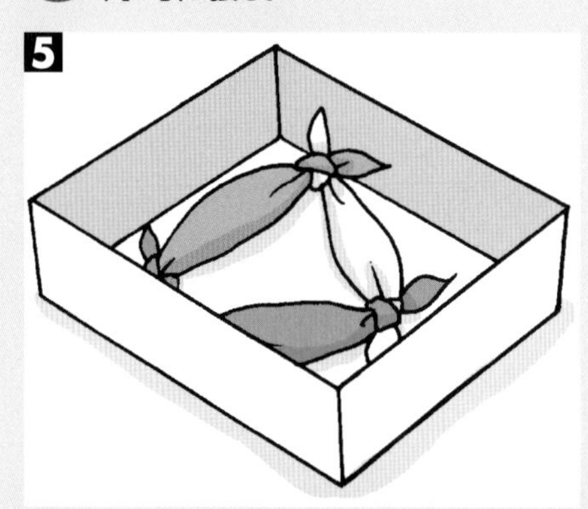

❺ 3つの結び目がよく分かるように箱（もしくは紙袋）の中に入れておく。箱の中身は相手に見られないように注意しよう。

6

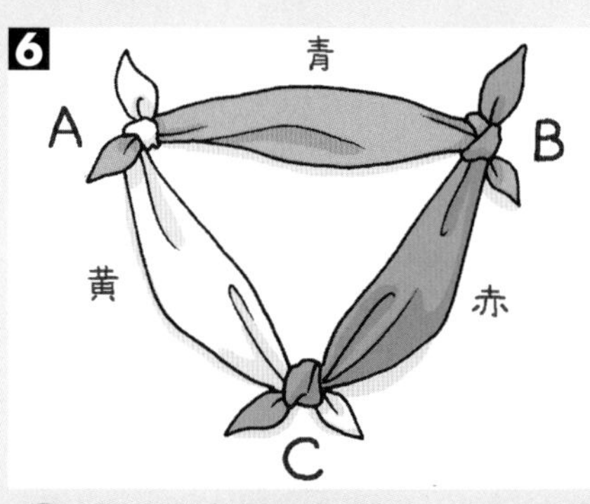

❻ 相手が3枚目を結び始めたら中央の色を確認。相手が赤を中央に結んだならばその向かいの結び目A、黄が中央なら結び目B、青が中央なら結び目Cをほどけば相手と同じ順番になる。結び目は見ないでもほどけるように練習しておこう。

Ⅵ

身近な道具でびっくりマジック

割りばし、マッチ箱、輪ゴム、スプーン…。あなたの手にかかれば、そんな身近な道具もたちまちマジックの道具に早変わり。何気なくみんなをあっと言わせてしまおう!

この章で使う道具
タイトルのとおり、ここで使うのはどれも身近な道具ばかり。手軽に演じられるが、それだけに相手にはビックリ度も大きいはず。

振ったら色がかわる割りばしのマーク

割りばしの先に書いた黒いマーク。ところが、割りばしを左右に振ると…、あっという間にマークの色が赤にかわってしまった！

用意するもの ●割りばし ●サインペン（黒と赤）

LEVEL 2 すこし練習！

身近な道具　変身！

DO THE MAGIC!!

**割りばしの先に
マークがついています**

❶割りばしの先の黒いマークを相手に見せる。

**ご覧のとおり、裏にも
表と同じマークがあります**

❷裏面も相手に示してマークを見せる。

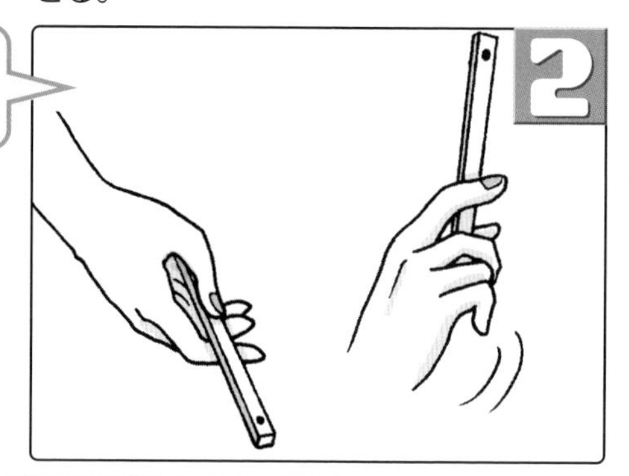

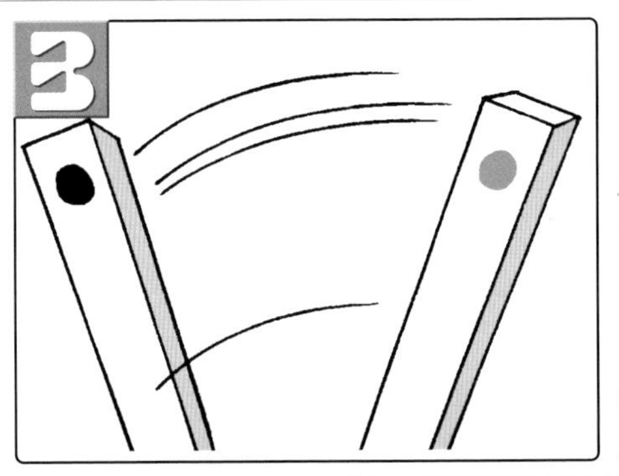

ちょっと振ってみましょうか…あれ! マークの色が赤くなっちゃいました!

❸割りばしを左右に素早く振り、相手に見せる。

タ・ネ・あ・か・し

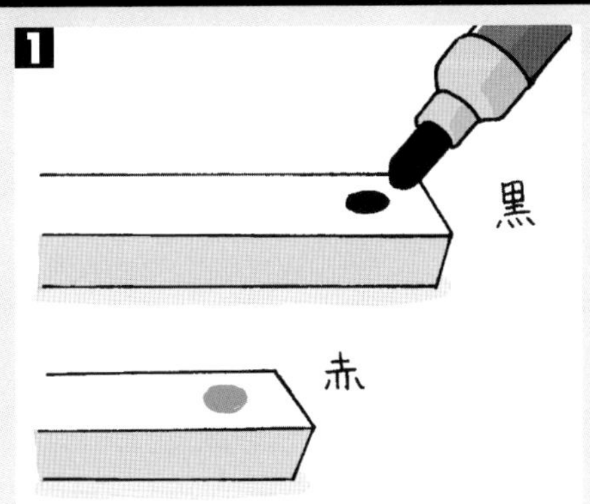

❶きれいに裂いた割りばしの片面に黒いマークを、裏面には赤いマークを1つ書いておく。

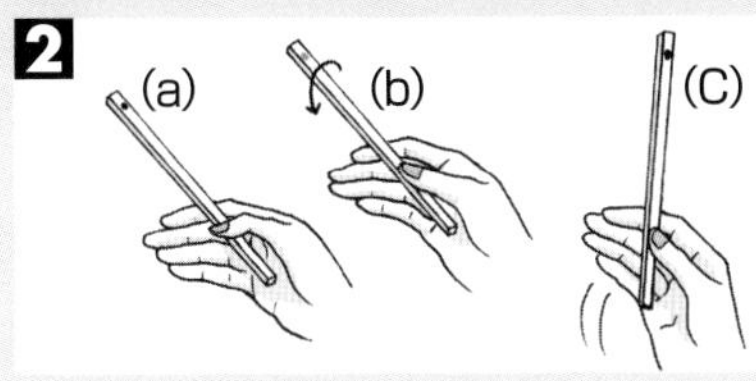

❷黒いマークのある面を上にして右手の人さし指と親指で割りばしを持ち、マークを相手に見せる(a)。次に裏面を見せるところがポイント。親指で指先方向に押すようにして割りばしを素早く180度回転させながら(b)、手を返して割りばしを立ててマークを見せる(c)。次に親指で割りばしを引いて180度回転させながら手を下げて(a)にもどす。

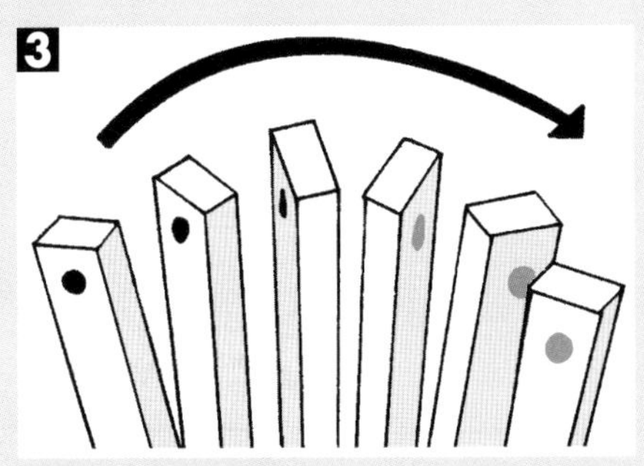

❸いよいよ本番。割りばしを左右に素早く1回振る。このとき、先ほどと同じく親指で割りばしを180度転がすが、今度は割りばしを立てずに赤いマークの面を相手に見せる。相手には一瞬でマークの色がかわったように見える!

KEY POINT!
●キーポイント●

パドルムーブを練習しよう!

このマジックのように、両面あるパドル(カヌーのかいのようなもの)の表裏を、手首を返しながら瞬時に反転させて相手に見せるテクニックを「パドルムーブ」と言う。実はマジックの基本テクニックの一つだ。これを使えば片面しか見せずに両面を見せたようにすることができる。棒やナイフ、キャンディなど、いろんなもので練習してみよう。

裏表がかわるマッチ箱

同じマッチ箱の表と表を合わせる。そして、フッと息をかけると…
んん?! あっという間に絵柄が裏側とかわってしまった!

用意するもの ●同じ種類のマッチ箱2つ（表裏の絵柄が違うもの）

LEVEL 1 かんたん!

身近な道具 変身!

DO THE MAGIC!!

1

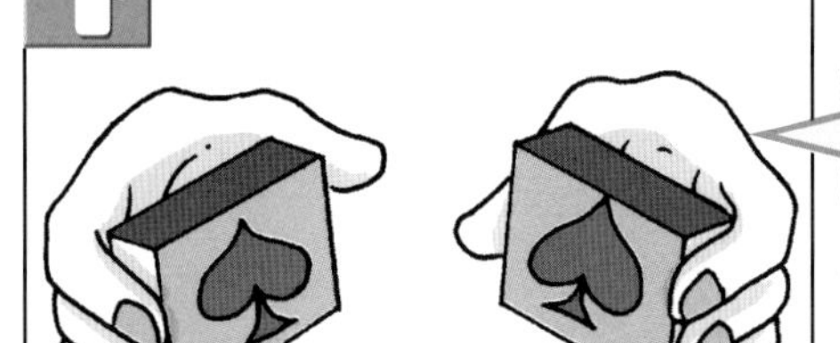

ご覧のとおり
同じ絵柄のマッチ箱があります

❶同じマッチ箱を左右の手に持ち、相手に表面の同じ絵柄を見せる。

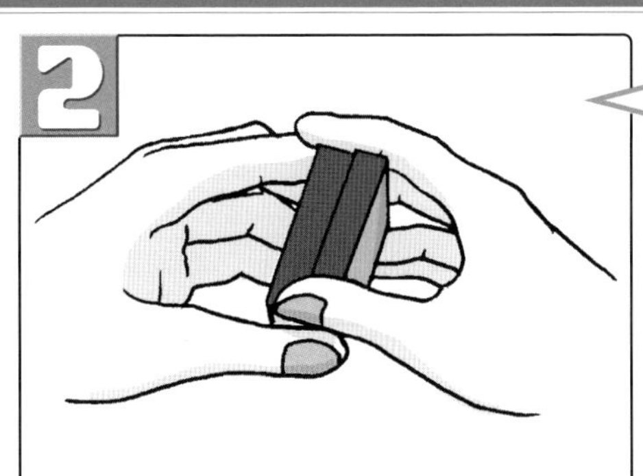

絵柄どうしを
こうして合わせてしまいましょう

❷両手を近づけ、2つのマッチの表面どうしを合わせる。

いきますよ。
フッ!… んん!
絵柄が
裏とかわってます!

❸マッチ箱に息を吹きかけ、再び両手を左右に開いてマッチ箱の面を見せると…。

タ・ネ・あ・か・し

1

右手は
親指を上の方に
▼

▲
左手は
親指を下の方に

❶ マッチ箱を両手で持つときに、右手の親指はマッチ箱の上のほうを、左手の親指はマッチ箱の下のほうを持つ。

2

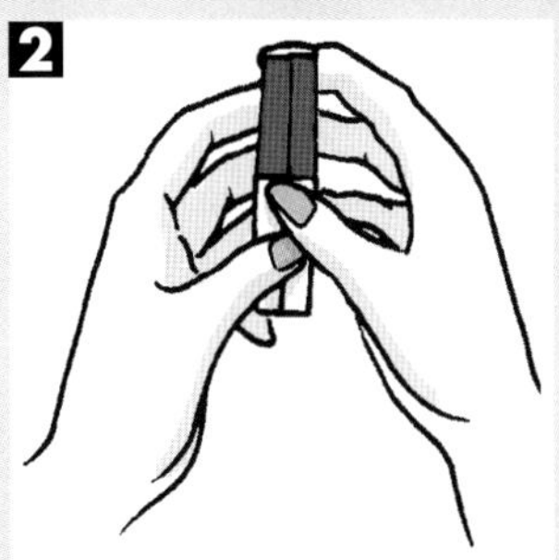

❷ マッチ箱を合わせたときには、図のように右手の親指は左側のマッチ箱の上部を、左手の親指で右側のマッチ箱の下部を持つ。

3

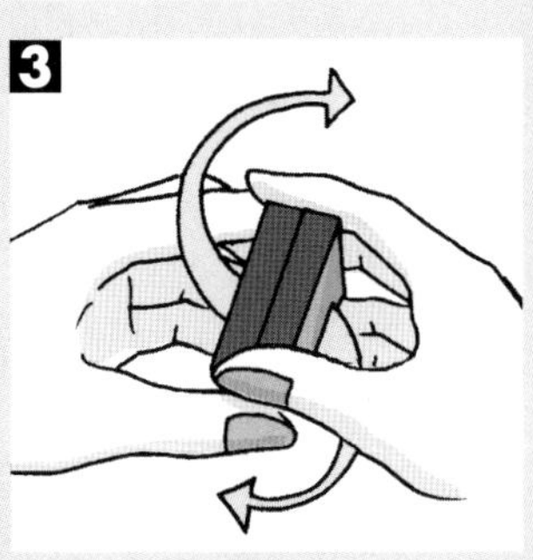

❸ マッチ箱を左右に離す瞬間に、右手は左側のマッチ箱、左手は右側のマッチ箱を持ち、素早く交差させるように抜き取る。相手には一瞬でマッチ箱の絵柄の表と裏が入れかわったように見える。

指から指へジャンプする輪ゴム

人差し指と中指にかけて動かないようにした輪ゴム。でも、
ちょっと気合いを入れたら…、指から指へとジャンプしてしまった!

用意するもの ●輪ゴム2本

LEVEL 1 かんたん!

身近な道具　瞬間移動!

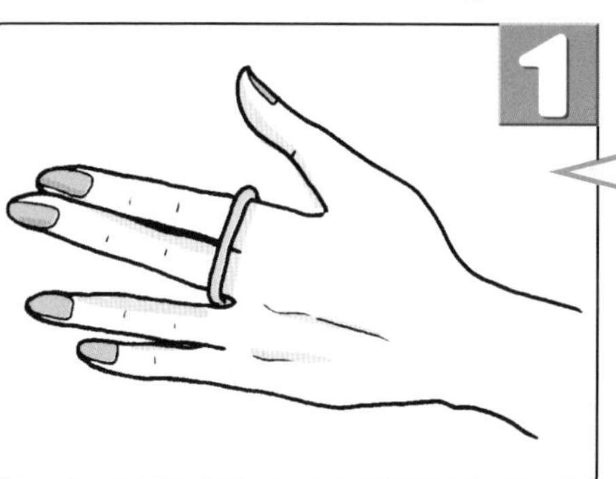

1 DO THE MAGIC!!

人差し指と中指にかかった輪ゴムがあります

❶人差し指と中指にかけた輪ゴムを相手に見せる。

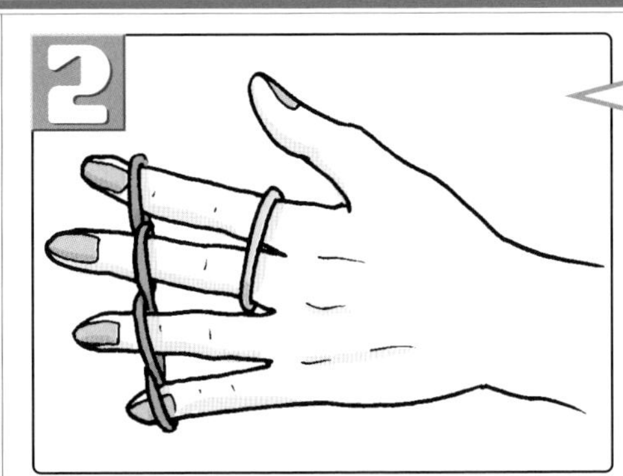

動けないように
こうして閉じこめちゃいましょう

❷図のように交差させた輪ゴムをもう一本人差し指から小指の先にはめて、最初の輪ゴムを閉じこめ、相手に見せる。

でも、この輪ゴムは
ちょっといたずらものなんです

❸コメントを言いながら、左手を握る。

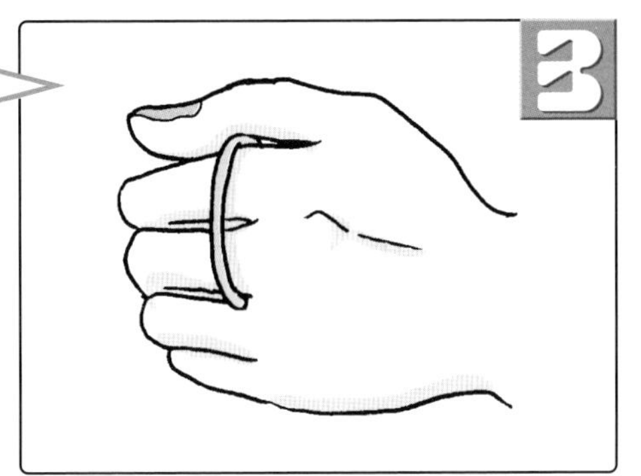

4

ほらっ!
輪ゴムがジャンプ
しちゃいました!

❹左手を広げると、輪ゴムがジャンプする。

もう一度、握ってみましょう

❺再び左手を握る。

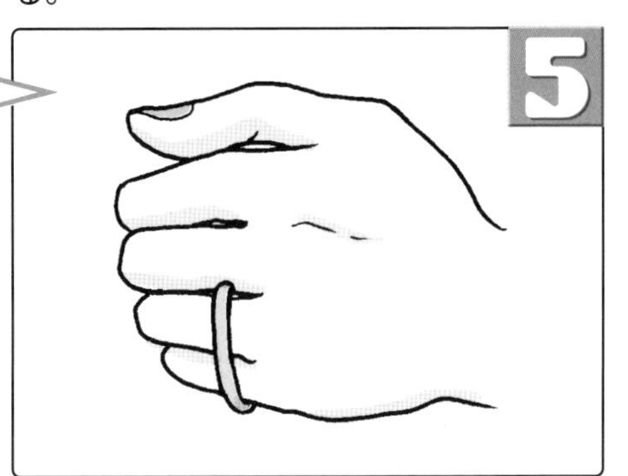

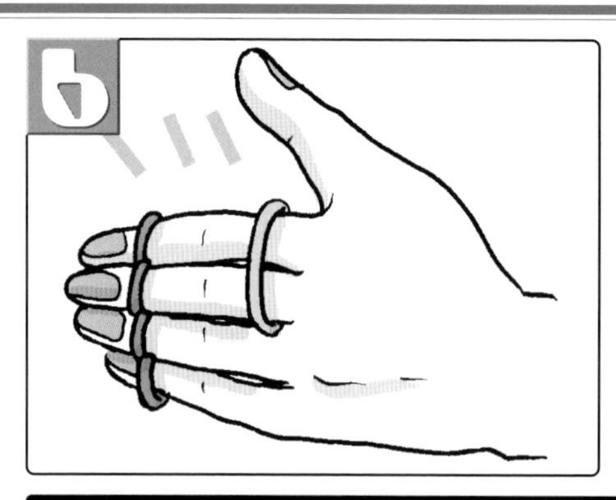

**あれっ！
またジャンプして
もとの指に
戻っちゃった！**

❻再び左手を広げる。

タ・ネ・あ・か・し

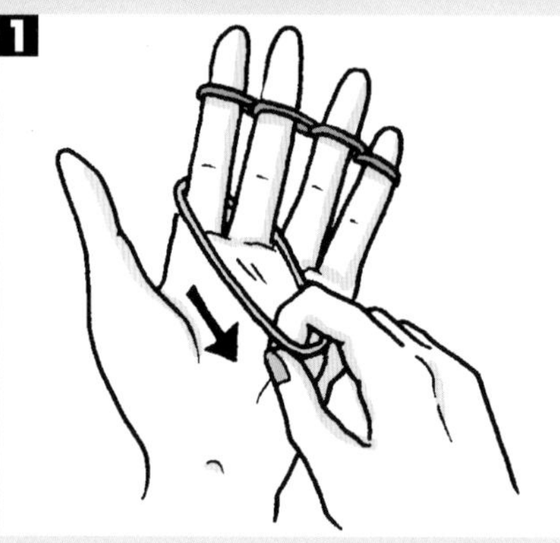

❶相手に輪ゴムをかけた手の甲を見せながら、そのかげで人さし指と中指にかかった輪ゴムを右手の指で引っ張る。

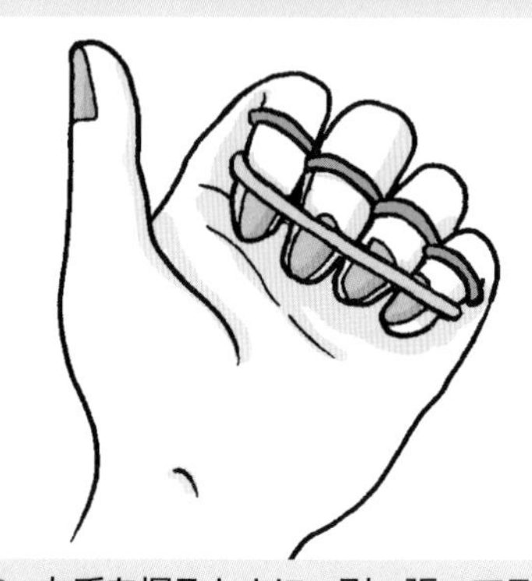

❷左手を握るときに、引っ張ってる輪ゴムの中に素早く4本の指を入れる。あとは左手をパッと開くだけで輪ゴムは薬指と小指の方に飛び移る。

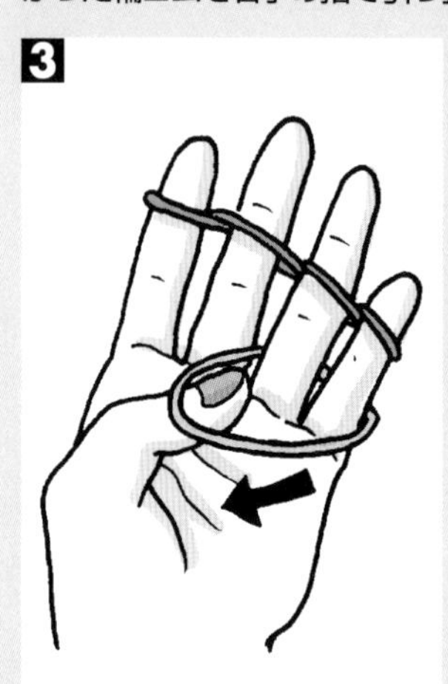

❸次に、移動した輪ゴムをもとに戻すときは、まず、左手の親指で図のように輪ゴムを引っかけて引っ張る。

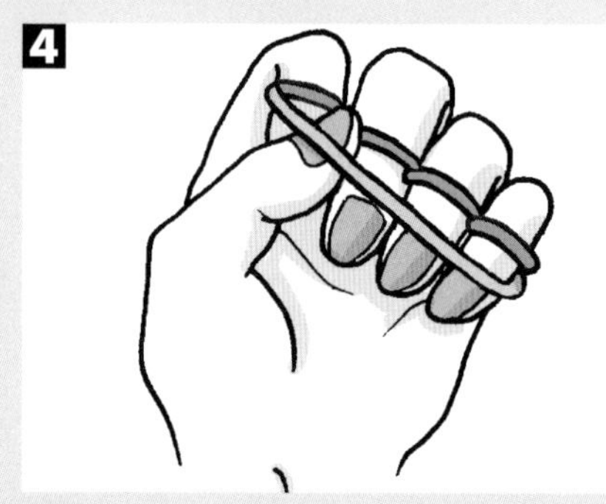

❹次に、前と同じように、引っ張っておいた輪ゴムの輪の中に4本の指を入れて握ったあと、親指を輪ゴムから離す。手をパッと開けば、輪ゴムは再びもとの場所にジャンプする！

静電気で動く割りばし

割りばしに静電気なんて起きない？　そうでしょうか…。こうやってこすってやると…あれれ!?　割りばしと割りばしが引き合っている！

用意するもの
- 割りばし2本
- ホチキス
- 輪ゴム

LEVEL 2 すこし練習！

DO THE MAGIC!!

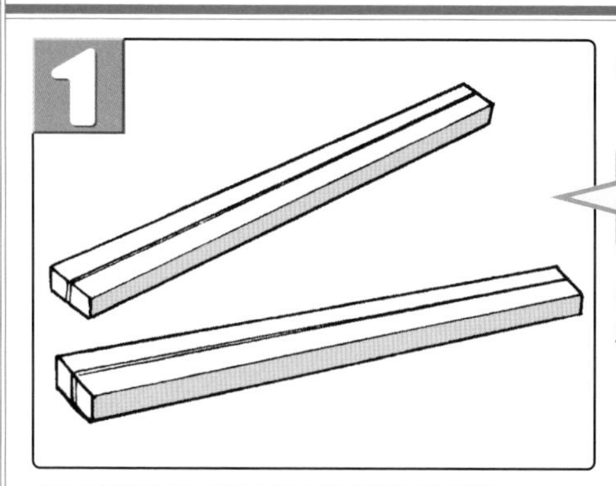

ごくふつうの割りばしが
2本あります

❶ふつうの割りばしが2本あることを相手に示す。

さて、この割りばしをこすって
静電気をたくさんためましょう

❷右手の割りばしを左のそでに何度もこすってみせる。

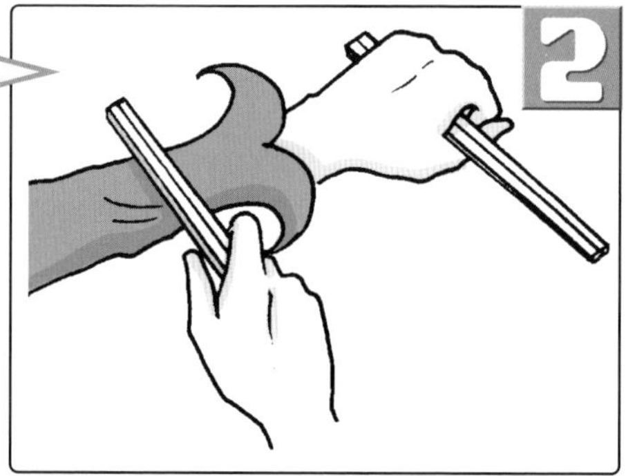

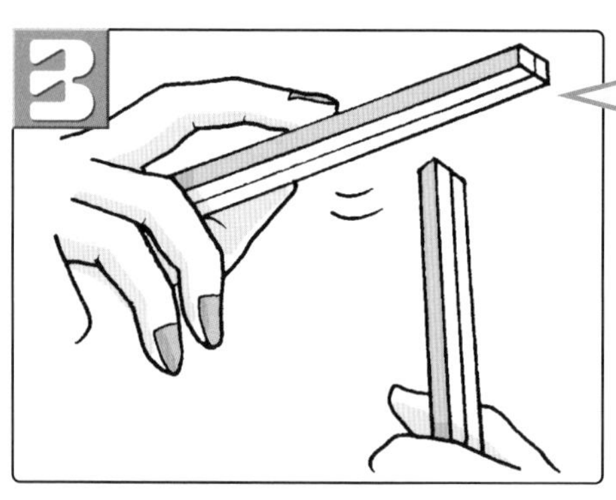

よーし、そろそろ…。
静電気がたまって
くっついちゃうかなあ…

❸右手に握った割りばしの上に、もう一本の割りばしを近づけ、引き上げるようにしてくっつくかどうか試してみる。

う～ん、まだまだ弱いか。
がんばって、もうちょっと
こすってみましょう

❹左手のそでで再度割りばしをよくこすってみせる。

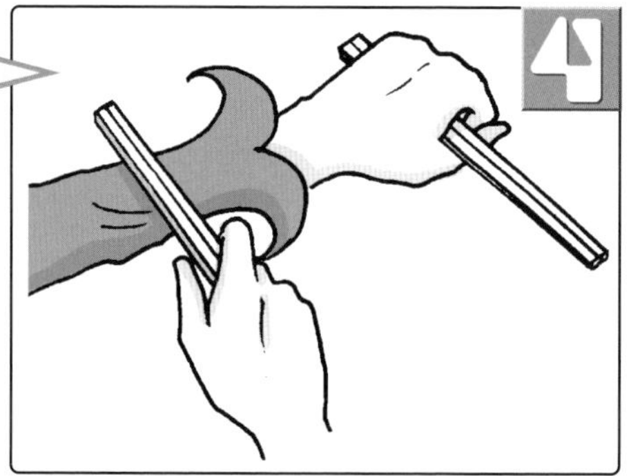

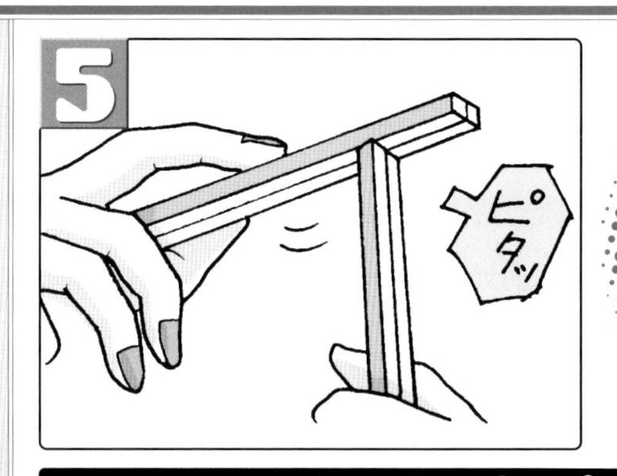

ん？ んんん…！
やった。
割りばしと割りばしが
吸いついちゃいました！

タ・ネ・あ・か・し

① 左手に持つ割り箸の裏面に、図のようにホチキスで輪ゴムを止めておく。

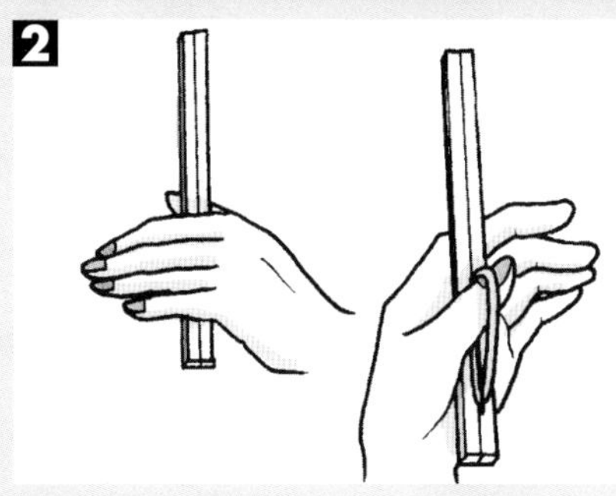

② 左手の割りばしは、親指に輪ゴムをかけて持つ。これでタネの仕込みは完了。もう一つのポイントは右手の割りばしをこする演技で注意をそちらに集中させることだ。

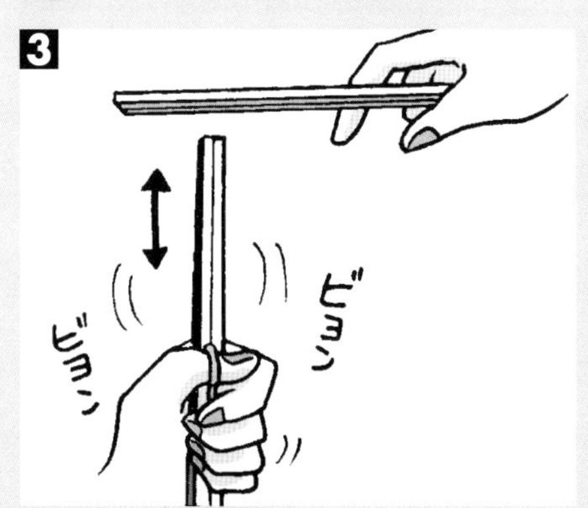

③ 十分にこすったあと、右手の割りばしを上から左手の割りばしに押し当てると、ゴムが少しずつ伸びていく。あとは右手の割りばしを上げるのに合わせて左手の握りをゆるめてやれば、割りばしどうしが吸いついてるように見える。同じ動作を数回繰り返せば効果的。

KEY POINT!
●キーポイント●

左手は動かさずに

右手の割りばしをクイクイと持ち上げるのに合わせて、左手の割りばしがピタッとくっついて離れずついてくるように演じよう。左手は動かさず、すこしずつゆるめていくのがポイント。割りばしどうしをくっつけたまま数回演じたら、2つの割りばしをちょっと離してやってもおもしろい。くっつく感じが出るようによく練習して演じよう。

超能力で スプーン曲げ

テーブルに立てた一本のスプーン。念を込めれば
簡単にグニャリと曲がってしまい…、今度は簡単に元どおりに!

用意するもの ●大きめのスプーン

LEVEL 1 かんたん!

身近な道具 念力!

1 ❶テーブルにスプーンを立て、相手に見せる。

❷じわじわゆっくりとスプーンを曲げていく。

ほら!
曲がったスプーンが
元どおりになりました!

❸スプーンをもとに戻し、相手に見せる。

タ・ネ・あ・か・し

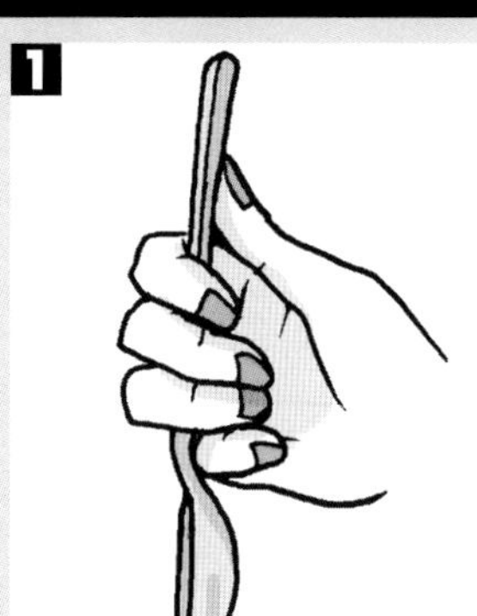

❶スプーンの柄の根元部分を、右手で握り、図のように裏側に親指をあて、ボールの首のところを小指と薬指ではさんで持つ。

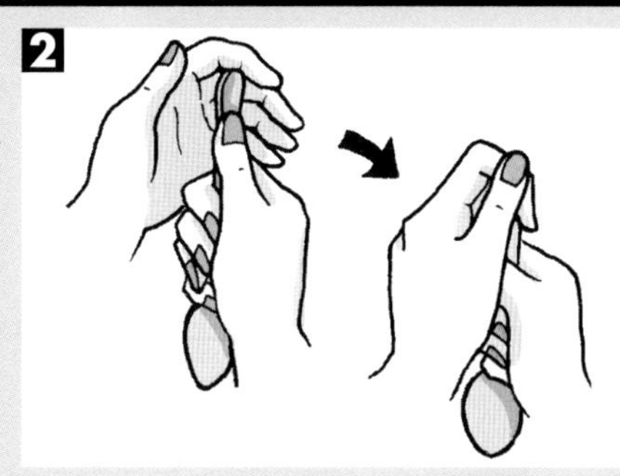

❷次に、左手で柄の上の方を握る。このときに右手の親指も一緒に握る。そのままスプーンの先端をテーブルにあて、垂直に立てる。

❸まず、テーブルに立てたスプーンを両手でしっかりと握り、ぐーっと力を入れて相手側に折り曲げる動作をする。そこで同時に柄にあてた右手の親指を外すと、柄は手のかげで図のように動き、相手からはまるで曲がっているように見える。元どおりにするときは、最後に左手でスプーンの先を上方に引き抜いて見せればOK。

KEY POINT!
●キーポイント●

アレンジ

よりリアリティを加えたければ、スプーンの柄の先と質感が似たコイン、または同じスプーンの柄を切ったものを使うといい。スプーンの柄の上部を左手で握るときに手の中に隠し持っておいて、上からチラリとのぞかせれば、相手からは本物の柄の先に見える。使い終わったコインなどは、さり気なくポケットに回収しよう。

本の内容が見える

私にはアナタが選んだ本のページの内容が見えます。
さあ、好きな4桁の数字を思い浮かべてみてください！

用意するもの ●本（雑誌）●メモ用紙

LEVEL 1 かんたん！

身近な道具　透視！

DO THE MAGIC!!

なんでも好きな4桁の数字を思い浮かべてメモしてください

❶相手に好きな4桁の数字を考えてもらい、それをメモしてもらう。

では、その4桁の数字の最初と最後の数字を入れ替えてメモしてください

❷最初に考えたもらった数字の、千の位と一の位を入れ替えた数字を再びメモしてもらう。

7195
-5197
1998

**その2つの数字のうち、
大きいほうから小さいほうを
引き算してください**

❸2つの4桁の数字の、大きい方から小さい方を引き算してもらう。

**答えの数字の1の位から4の位の
数字を足してください。合計は？**

**では、その数字のページを
開いみててください…**

❹引き算した答えの4つの数字を全部足し、本を渡してその合計数のページを開いてもらう。

タ・ネ・あ・か・し

はじめに4桁の数字を考えてもらうとき、両端に0を使うことと、同じ数字を使うことはなしのなので注意を。そうすれば、あとは相手がどんな数字を使っても、計算の答えは必ず27になる。あらかじめ用意した本の27ページをよく読んでおき、写真や内容などを覚えおけば完ぺきだ。

破った紙の復活

ビリビリに破いてしまった紙ナプキン…。でも、ご安心を！
こうして丸めて熱を加えれば…。ほら、みごとに元どおりです！

用意するもの ●紙ナプキン2枚（薄手のもの）
●ライター

LEVEL 3 しっかり練習！

身近な道具　元どおり！

DO THE MAGIC!!

1

❶紙ナプキンを広げて示し、相手に確認してもらう。

これを…
細かく破ってしまいましょう！

❷紙ナプキンをビリビリと細かく破ってしまう。

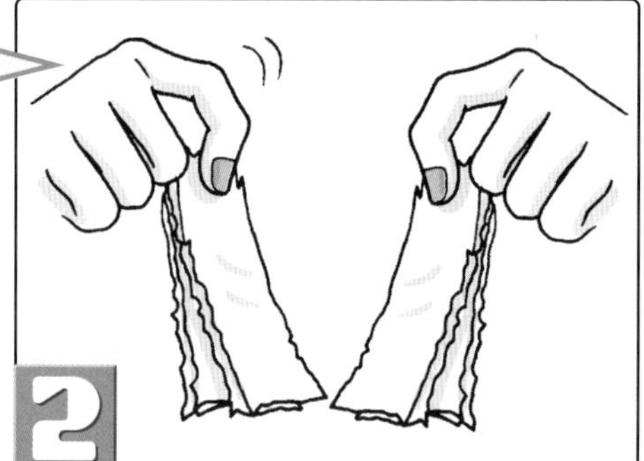

2

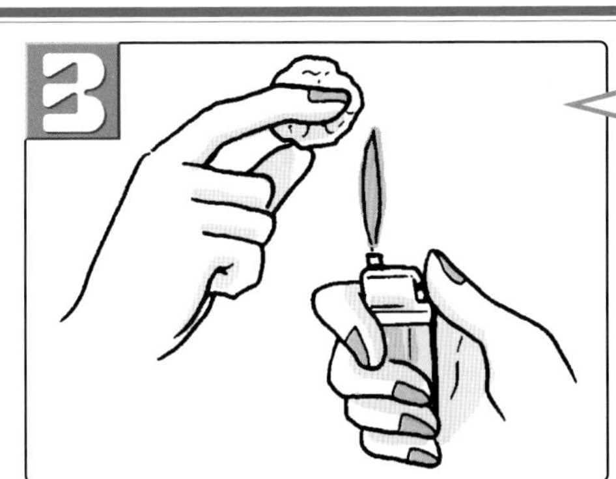

うーん、そうだ！
ちょっと温めてみましょうか

❸破った紙を丸め、ライターで熱を加えていく。

開いてみますよ…
おおっ!?　見てください
このとおり、
元どおりです!

タ・ネ・あ・か・し

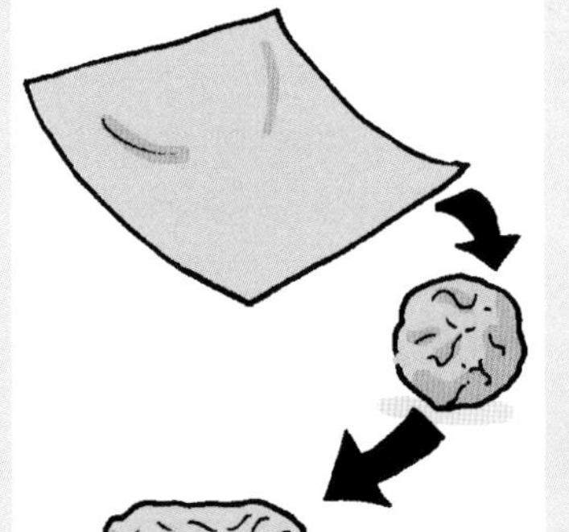

❶ あらかじめ別の（同じ種類の）紙ナプキン1枚を小さくボール状に丸め、平べったくなるように潰しておく。これが重要なタネだ。

❷ タネの紙玉を右手の中に隠し持った（パームした）まま紙ナプキン持ち、広げて相手に見せる。

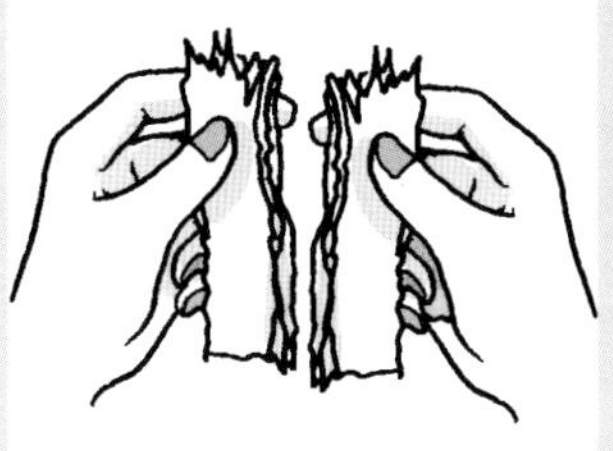

❸ 紙玉をパームしたまま紙ナプキンを縦に破り、破った紙片を合わせてさらに破り、細かくちぎっていく。ちぎるサイズはタネの紙玉を隠せるくらいの大きさに。

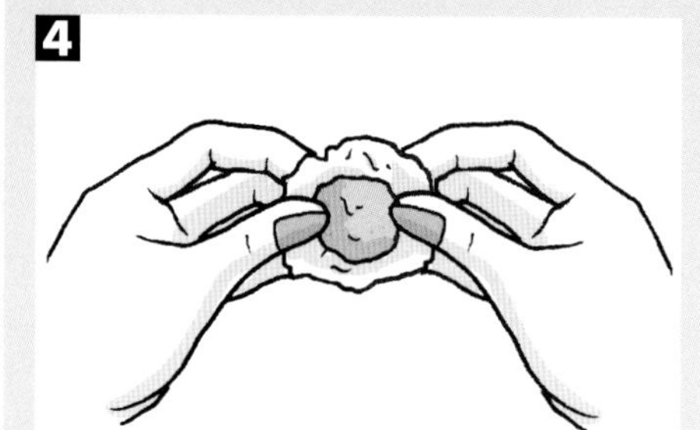

4 ちぎった紙束にタネの紙玉が隠れるようにして持ち、紙束をタネと合わせるようにまとめてボール状にする。

5 破った紙玉とタネの紙玉を右手に一緒に持ち、相手に見せる。2つの紙玉は相手からは1つの紙玉にしか見えない。

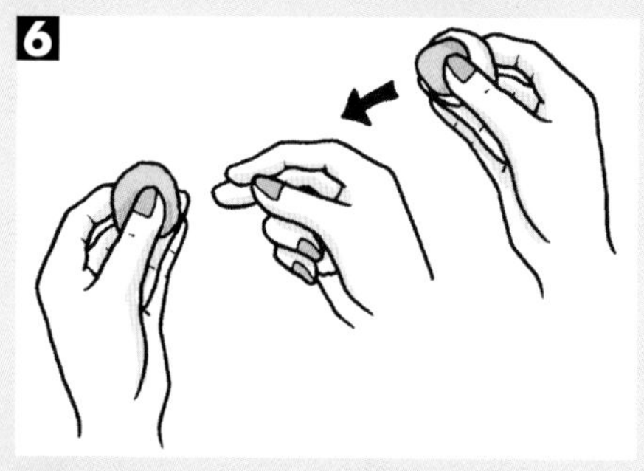

6 右手から左手に紙玉をさり気なく持ち替える。このときに、親指でタネの紙玉のみを押し出し、破ったほうの紙玉は右手の中に残して隠し持つ。

7 相手に左手に持ったタネの紙玉を示す。逆の手には破った紙玉を隠し持っているという状態。視線はかかげた左手の紙玉に。

8 「これ、ライターでちょっと温めてみましょうか」といいながら、右手をポケットに入れてライターを取り出す。このときに破った紙玉はポケットの中に置いてくる。視線は左手の紙玉にやったままさりげなく。

9 あとはライターで軽く温める動作をして、タネの紙玉をゆっくりと広げていけばOK。さり気なく両手に何も持っていないことも示しましょう。

次々と出現するボール

空っぽの紙コップ。この中になにか入れるものはない?
…と思ったら、ボールが出てきました。ほら、どんどん出てくる!

用意するもの
- **ボール1個(直径4cm程度のもの)**
- **紙コップ(無地のもの。高さ12cm程度)**

※ボールの素材はスポンジなどでOK。DIYショップなどで購入可能

LEVEL 3 しっかり練習!

DO THE MAGIC!!

ごくごくふつうの紙コップがあります

❶紙コップを取り出して、相手に見せる。

中は…？　空っぽですね

❷紙コップを逆さにして、中に何も入っていないことを示す。

あっ!
こんなところに…!
ボールが
出てきました!!

❷空中でボールを出現させる。

4

コップの中に入れちゃいましょう

❹出現したボールをコップの中に入れる。

あっ!
今度はこっちから
出てきました!
どんどん出てきます!!

タ・ネ・あ・か・し

1

❶ まずタネのコップの作り方。紙コップの外周には厚紙を張り付けて補強し、さらにボールと対照的な色の無地の紙を貼りつける。次にコップ側面の、底から3㎝ほどのところにボールがスムーズに通る大きさの穴を開ける。ただし、コップを持ったとき、片方の4本の指で楽に隠せる大きさにすること。

2

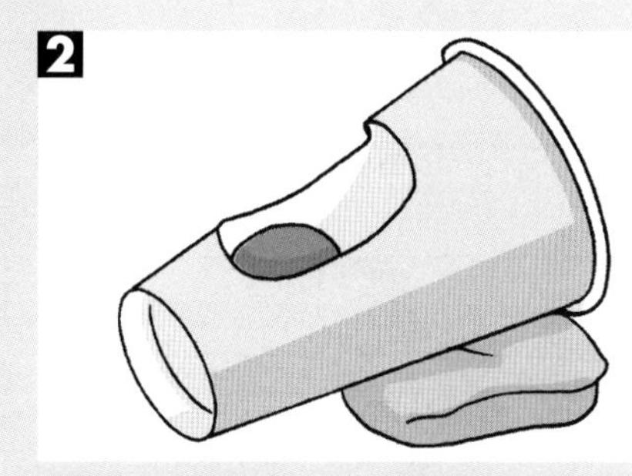

❷ コップの中にボールを入れ、穴が上になるように道具箱などの中に入れておく。図のようにタオルで枕をしておくなどして、ボールが転がり出ないようにしておく。

3

❸ 左手でコップの穴を4本の指で隠すようにしながら、コップを取り出す。

4

❹ コップ手前の側面に右手を当て、取り出した手（左手）から右手に持ちかえる。

5 その際、両手で軽くコップを回転させるようにして、カップの中のボールを左手の中に落とす。

6 ボールは左手の手のひらににパームし(隠し持ち)、コップを右手に持ち替える。コップの穴は右手の4本の指の根元に隠れるように持つ。

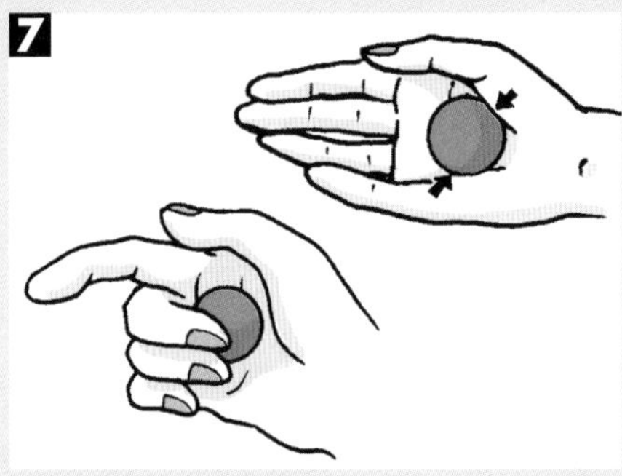

7 図のように手のひらにパームした(隠し持った)ボールを出現させる。まず、中指と薬指をパームしたボールに当てて…。

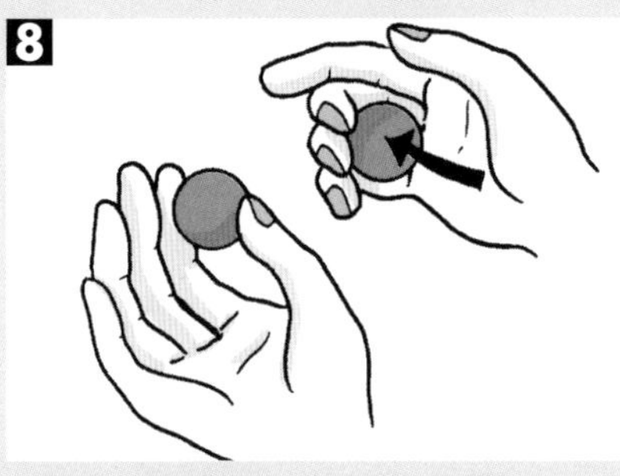

8 中指と薬指で保持する位置(フィンガーパームの位置P159参照)に持っていき、そこから親指をボールの下に当てて持ち上げ、親指と人さし指でつかんで出現させる。

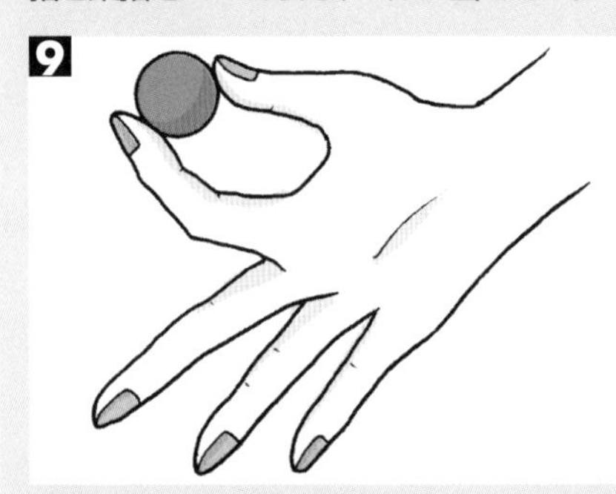

9 出現した瞬間、相手側からはこのように見える。取り出したボールをコップに入れたら、あとは同じようにして次々といろいろな場所でボールをとり出してみせよう。どんどんコップにボールを入れても、コップも満杯にならない！

KEY POINT!
●キーポイント●

視線を上手に使おう

ボールを出現させるときは、まず出現させる場所に自分の視線を向けて相手にも注目させ、そこに手を伸ばしてつかむようにして出現させる。こうすることによってあたかもそこで(空中で)出現したように見える。パームと出現が上手くできるようになると、マジックの幅がとても広がる。よく練習して挑戦してみよう。

もっと上手くなる!

マジックを楽しく演じるにはコツがある。
ここでは、マジック上達と成功のためのいくつかのポイントを紹介しよう!

演じるときのポイント

これから起こる現象をあらかじめ話さない

手品のおもしろさは、目の前で思いがけないことや、びっくりするようなことが起こる、その驚きや不思議さにあります。これからどんなことが起こるかわかってしまうと、「あっ」という意外性がなくなり、観客に与えるインパクトも少なくなってしまいます。また、どうやってやるのか見破ってやろうということばかりに観客の注意が向かってしまって、おもしろさが半減しがち。「何が起こるんだろう?」とワクワクしながら見るのも手品のおもしろさの大事な要素なのです。

同じ場所で同じ手品を二度やらない

手品を見せるとよく「もう一度やってよ」とせがまれることがあり、ついつい得意になって何度も演じてしまいがち。でも、相手はタネがわからなかったからもう一度見たいと言ってる場合がほとんど。1度目は意外性があったから新鮮だったものも、何度も演じると驚きも半減すると同時に、手順もわかっているのでタネもばれやすくなってしまいます。お楽しみは1度だけで、同じ手品を同じ場所で繰り返さないようにしましょう。

タネあかしはしない

手品のおもしろさは、目の前であっと驚くようなことが起きて、しかもそのワケがわからないところにあります。そこで「どうしてだろう」と想像力をふくらませるのも楽しみの1つです。実際、タネをあかすと感心はされますが、「なーんだ」と案外楽しさがしぼみがち。手品はタネ自体は単純なものが多く、それが演技や演出と一体となってはじめて不思議な手品となるわけです。もちろん、手品の楽しさとタネを当てる(ナゾをとく)推理ゲームはまったくの別物。タネあかしはしないようにしましょう。

自信を持って演じよう

手品を演じるときは、自信を持って演じましょう。誰でもはじめて人前で演じるときは緊張するし、間違えたりするもの。しかし、多少間違えても、堂々と演じていれば意外と気づかれないものです。プロでもときには失敗しますが、自信を持って演じていれば、失敗をジョークに変えてしまうことだってできます。手品は演出が大事。「失敗してもいいや」くらいの気持ちで、堂々と大きなアクションで演じることが成功の秘訣です。

鏡を使って練習しよう

手品は相手(観客)に見せるものなので、相手からどう見えるかを考えて演じることがもちろん大切。そのためには、なるべく大きな鏡を使って、自分の姿をチェックしながら練習すると効果的です。鏡を見ながら、どの位置や向きで演じたら相手からタネが見えないか、どんな動きを入れたら効果的かなどを工夫すればいいでしょう。目線の動かし方や、手先の動作などがスムーズに見えるように、何度も繰り返し練習して覚えることが大切です。

マジックの道具はどこでそろえる?

この本では、身近にある道具を使ってできる親しみやすいマジックを中心に紹介しているので、特別なマジック専用の道具などはそろえなくても演じることができます。ただ、練習を重ねていろいろなマジックを覚えていくと、だんだん専用の道具に興味が湧いてくることもあります。もしそうしたら、デパートの専門コーナー(玩具売り場が多い)や専門店などを訪れてみるといいでしょう。専門店はインターネットなどでもすぐ検索できます。マジックの専門店では、ロープやカラフルなシルクをはじめ、いろいろな道具が揃うのはもちろん、マジックについてのいろいろなアドバイスも聞けるはずです。

覚えておきたいテクニック

ミスディレクション

マジシャンが実際におこなっていることから注意をそらして、観客の意識を別のところに引きつける技術を「ミスディレクション」と言います。これは、いろんなマジックを成功させるためにぜひ知っておきたいテクニック。

具体的にはどんな方法があるかというと、①観客はマジシャンの見る方向を見る、②観客は音や光、動くもののほうに注目する、③観客はマジシャンが重要に扱わないものは気にかけない、というような原理を利用して、観客の注意をそちらに向けるわけです。マジックを演じるときや練習するときに、このへんをちょっと意識してみるだけで、きっとより効果的に演じられるはずです。

フォールス・シャッフル

カードを切ったように見せかけて実は切っていないテクニックがフォールス・シャッフル。一番上(トップ)や一番下(ボトム)のカードを動かしたくないときに使います。2つのやり方を紹介します。

●フォールスヒンズーシャッフル●

1

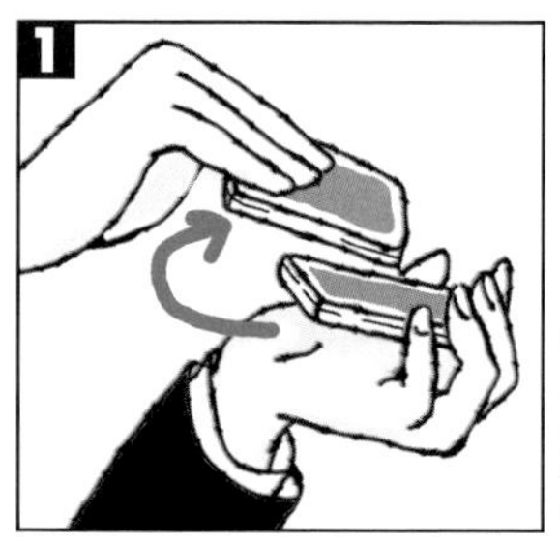

トップの部分をかえたくない場合。左手に1組のカードを持ち、右手で下半分を引き出して、残ったカードの上に乗せる。

2

このとき、残ったカードの上には小指を曲げて当て、シャッフルするカード(上の部分)との間を分けておく(ブレークする)。

3

小指をはさんだ上のカードだけをシャッフルする。シャッフルしてる間は、小指を離さないようにする。

4

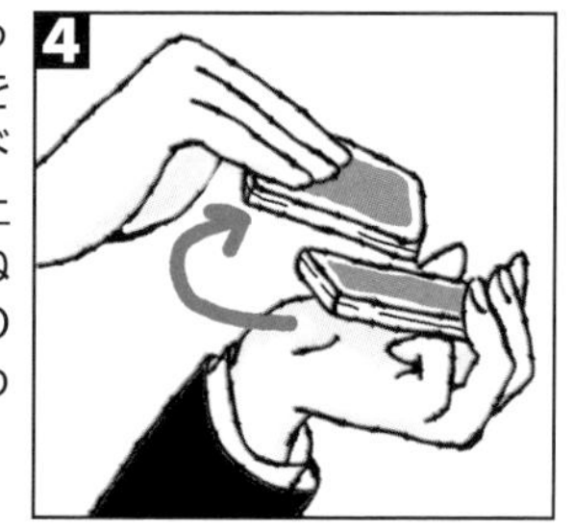

シャッフルが終わったら、最後に小指をはさんだ下のカードの束をさりげなく上に持ってきて重ねる。これでトップの部分のカードはかわっていない。

※ボトム(一番下)の部分のカードをかえたくない場合は、ふつうに左手にカードを持ち、下の数枚を残してカードを抜き取り、シャッフルする。

●フォールスリフルシャッフル●

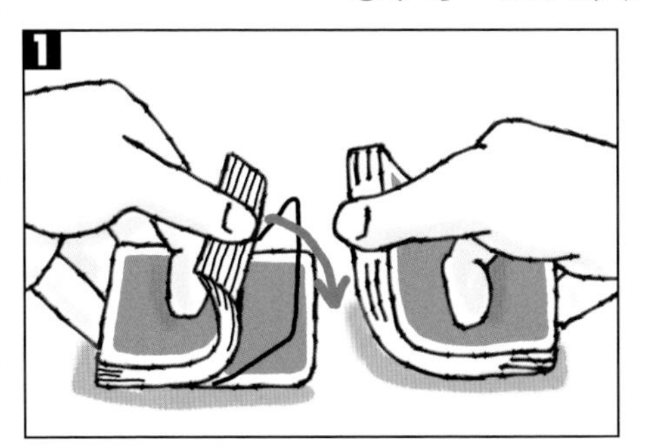

ボトムのカードをかえたくない場合は、下半分の方の束(図の左)を多少早めにリフル(パラパラ落とすこと)し、あとは通常通りにリフルシャッフルすればOK。

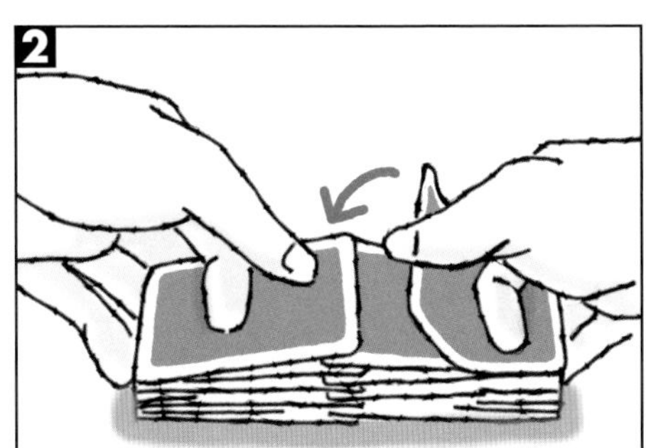

逆にトップのカードをかえたくない場合は、上半分のカードのリフルをやや遅らせて、下半分のリフルが終わったあとに数枚をまとめて落とすようにすればOK。

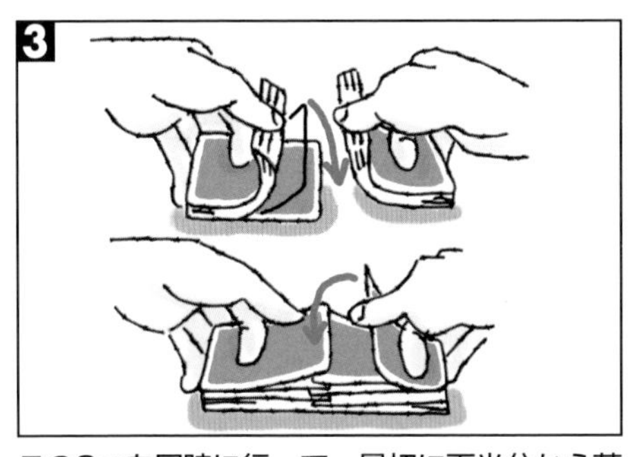

この2つを同時に行って、最初に下半分から落とし、最後に上半分の方を数枚落とすようにすれば、トップもボトムもかえないこともできる。

終了したら、親指で重なり合った部分を押さえ、カードを山なりにそらせてから力をゆるめれば、カードはパラパラときれいに落ちてそろう。

ブレーク

ブレークとは割れ目の意味。相手にわからないように小さく割れ目を作るテクニック。小指を右下隅にはさむか、小指の腹の一部だけを入れて持つ方法が簡単でやりやすい。

キーカードを覚える

ボトムカードをキーカード(キーになるカード)にするために覚えておくには、次のような方法がある。

シャッフルするときに、ボトムカードを図のように何気なく見て覚える。

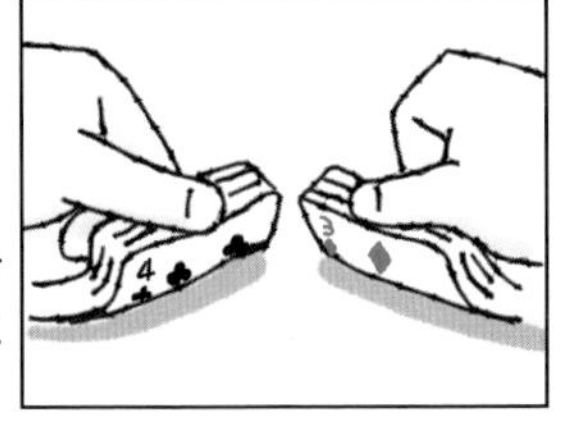

リフルシャッフルするときに、カードを持って反らしたときにしっかりと覚える(先に落としたカードがボトムカード)。

コインのパーム

手の中に相手にわからないように隠し持つことをパームという。コインのパームはコインを使ったマジックの大切な基本テクニックの1つ。パームの仕方にはいろいろあるが、しっかり練習してマスターしてしまおう。

●フィンガー・パーム●

中指と薬指でコインを隠し持つやり方で、応用範囲の広いテクニック。
①コインを中指と薬指の付け根におき、②指を軽く曲げて薬指の根元第一関節と第2関節で保持する。③手の力を抜いて、指を少しだけ自然に曲げた形にする。親指や人さし指を不自然に伸ばしたり、手を握ってしまわないように注意。

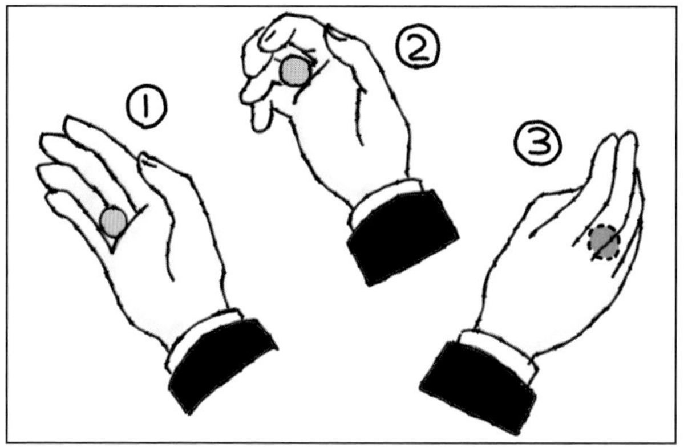

●サム・パーム●

①のように、親指の付け根でコインをはさんで隠し持つテクニック。手の力を抜いて指を自然に曲げた形にし、親指を反らしたり、内側に曲げたりしないように注意。指先に持ったコインをサム・パームする練習(②③)も合わせてするといい。

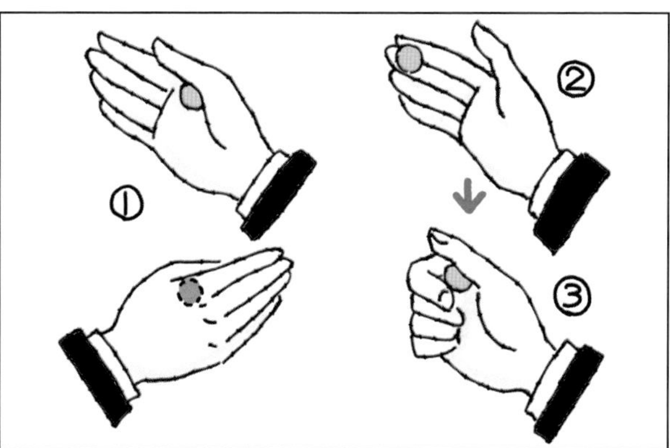

●ダウンズ・パーム●

親指の股のところでコインを水平にしてはさんで隠し持つが、手の甲側はもちろん、手のひら側からも見えないのがポイント。①のように、親指の付け根で平らにしたコインのふちをはさんで持つ。手の力を抜いて指を軽く曲げ、親指と中指の先をつけるようにする。②③④はそれぞれ手の甲側、手のひら側、指先側から見たもの。

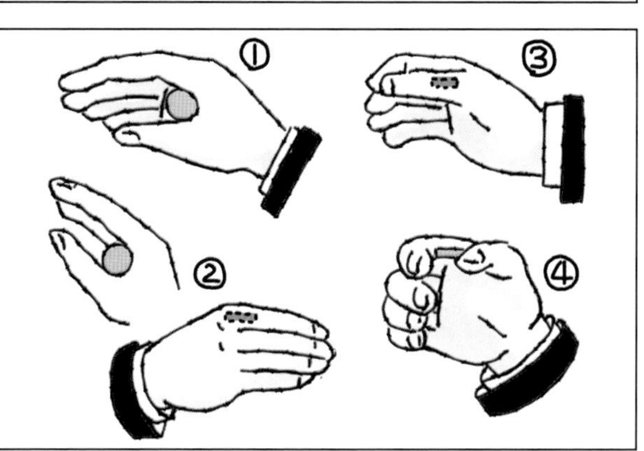

STAFF
編集協力　池田 一郎（PAMPERO）
執筆協力　小川 英明、斎藤 充
デザイン　原 守
イラスト　一木 みかん、佐藤 加奈子
撮　影　岡田 圭司
アイコン制作　滝沢 葉子
モデル　永友 明子（うさぎや）

THANKS
うさぎや
（Bar & Club Lounge☎03-3583-5344）

ウケまくり びっくりマジック
編　者／みんなのマジック研究所
発行者／池田　豊
印刷所／萩原印刷株式会社
製本所／萩原印刷株式会社
発行所／株式会社池田書店
東京都新宿区弁天町43番地（〒162-0851）
☎ 03-3267-6821（代）
振替 00120-9-60072

ISBN978-4-262-14383-5

1104402